JN118513

枕草子の日本三名泉

榊原温泉

松田忠徳・増田晋作

春

春は、あけぼの。やうやう白くなりゆく山ぎわは、少し明かりて、紫だちたる雲の、細くたなびきたる。

榊原温泉の春も眠くなるような夢の霞で朝を迎えます。そして先んず一番に花を咲かせるのが紐のような花びらのマンサクです。

三月十五日 林性寺で涅槃会
四月第一土曜日 桜まつり
四月下旬から 田植え始

榊原温泉のお雛さま

糸桜（しだれざくら）

春は楽しい桜が満開

榊原温泉草子

夏

夏は、夜。月の頃は、さらなり。闇もなほ。螢の多く飛び違ひたる
また、ただ一つ二つなど、ほのかにうち光りて行くも、をかし。
雨など降るも、をかし。

ホータルこーい　じゅうれんぼ
じゅー（湯）は
たんば（谷間）の　橋の下

十二単に湯の香が
かおるよ～
清少納言の玉の肌～

雨も楽しいアジサイロード

朱色の欄干　湯香里橋

榊原温泉草子

秋

秋は、夕暮。夕日のさして、山の端いと近うなりたるに、烏の、寝所へ行くとて、三つ四つ、二つ三つなど、飛び急ぐさへ、あはれなり。まいて、雁などの列ねたるが、いと小さく見ゆるは、いとをかし。日入り果てて、風の音、蟲の音など、はたいふべきにあらずはたいふべき

榊原温泉は里山に
囲まれて自然と
一緒になれる空間
夜になると星が
また月がきれい
デデッポーと鳴
く山鳩、赤トン
ボが肩を叩いて
お元気ですか
秋祭りの太鼓が
懐かしい

榊原温泉草子

冬

冬は、つとめて。雪の降りたるは、いふべきにもあらず。霜のいと白きも。また、さらでも いと寒きに、火など急ぎおこして、炭もて渡るも、いとつきづきし。昼になりて、温く緩びもていけば、火桶の火も、白き灰がちになりて、わろし。

雪にも負けず子供たち
ポストだけが赤い

昔は初湯浴みで始まった宮の湯

里人は山の神やどんど
射山神社では湯立神事
榊を伊勢神宮へ奉納

峰の白雪 朝日にとける（よ）
わたしゃ情けの あの湯にとける
射山育ちの さらしくず

式内射山神社の みゆ

氏神さまの湯立神事「みゆ」は毎年二月十一日に射山神社境内で、氏子の無病息災・家内安全を祈願して斎行されます。立春が過ぎてもなお寒く氏子たちは「みゆ」が春を呼んでくれると信じて。

神社からの湧き水「長命水」と神社に献湯された温泉を、鉄釜で沸かし、笠取山で採取されたクマザサの束に、熱湯をたっぷり含ませ、宮司が祈願の声を発しながら参拝者に振りかけます。翌日は伊勢神宮へ榊の奉納です。

伊勢神宮へ榊の奉納

献枝祭

ななくり上村この地の榊を伊勢神宮で使われるようになって、榊原の地名が誕生

このことを後世に伝えようと毎年二月十二日、氏子たちで榊を神宮に奉納します

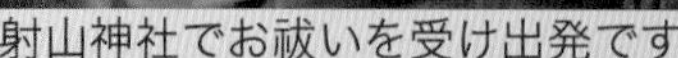
射山神社でお祓いを受け出発です

【伝説】昔、継体天皇の皇女・ササゲヒメが斎王になられ郡行途中、湯垢離でこの地に立ち寄られて、ここに自生する榊に目が留まり、後日物部伊勢小田連に使いを出して、この地の榊をお採りになり、射山神社前の湧き水・長命水に一夜浸して神宮に運ばれた。このことが例になり、榊の原などと呼び、地名が榊原と呼ばれるようになったと伝わります。

榊原温泉ななくりの湯は、湯垢離と言って温泉で禊ぎをする場所でした。

神楽殿で榊を奉納

榊の奉納は、バスで外宮の駐車場へ、大鳥居をくぐり行列は神楽殿で神職に手渡し、正式参拝と御神楽で終えます

伊勢神宮へ温泉奉納

献湯祭

湯垢離のななくりの湯を奉納

榊原温泉は伊勢神宮の湯垢離の温泉
行列は続き、内宮神楽殿で献湯です

榊原の郷土芸能

榊原かんこ踊り

榊原のかんこ踊りは、先祖から受け継いだ大切な伝統のおどりです。

榊原の五つの区では江戸時代から踊られてきたようです。それぞれ独自の踊りですが、その五つの区の踊りが射山神社に集まって、一緒に踊る五郷入り踊りは壮大なものです。

射山神社で奉納踊り

山あり

風車あり

笠取山

河内(こち)谷の滝

鴨が淵

大滝

湯の瀬川

伝統温泉と榊原姓発祥の

榊原めぐり

第１区地区：第１区とは？… 昔は下村と言って榊原町のいちばん東に位置し大鳥町と接する。

宝林寺

僧法眼により創建されたというこの寺は、明治になって無住職となり１区の集会所になっている。本尊は如意輪観世音菩薩で、一志郡内西国三十三ケ所観音霊場の29番札所になっている。境内には愛宕神社が祀られ、小会式には3年に一度かんこ踊りが奉納される。

梵鐘

宝林寺山（境内）の愛宕社の前に梵鐘がある。銘を見ると鋳工西村和泉守作とあり、江戸神田の井口又衛門が享保13年(1728)に宝林寺へ寄進したと記されている。

毘沙門天

天明4年(1784)庄屋鈴木庄士により創建され、その後昭和62年(1987)にグリーン道路沿いの現在地に遷され朱塗りの堂が目立つ。毘沙門天は大変ご利益があるそうで参拝者も多く、神奈川県など遠くからのお参りもある。

榊原という土地は....

古代から温泉が湧き、神宮が伊勢国に祀られてから湯垢離（ゆごり）のための御祓場となっていたようだ。温泉を護るために湯山こと射山神社を祀ったとされている。里山に囲まれたこの土地に人は住み邑（村）を作ってきた。戦国時代には三河の武将・仁木義長が伊勢国の守護をして、その5代末裔とされる利長がここに城を築き、姓を榊原と名乗ったのが榊原姓の誕生と言われている。江戸時代には湯治場が開かれ、お伊勢参りの旅人などでにぎわった。榊原の里は今も日本の原風景が残されている。

第２区地区：第２区とは？… 昔は平生（ひお）村で、榊原川の左岸（北側）の東に位置する。

第２区集会所

ここは本願寺跡で石仏などには明暦の年号がある。明治8年には本願寺で榊原学校が開校され同22年まで続いていることから、その後廃寺となったようである。また敷地内には牛頭天王が祭られ、天王さんの踊りとして、この場所でかんこ踊りが踊られている。

善福寺

天正13年(1586)本山から本尊仏を賜り道場として開基している。また住職の高沼家の伝説に、了庵さんが奥山の佛ヶ谷に修行に出て帰らず、家では亡くなっているものと思い3回忌の法要の途中、了庵さんは帰宅。山中で「これで仏像を作りなさい」とお告げがあったと言い、仏師を求めすぐ京に向かい仏像を作って善福寺を開基したとも伝わる。今も毎年春には佛ヶ谷で法要が行われている。

金比羅山

貝石山から連なる里山のいちばん東が金比羅山と呼ばれ見晴らしがよい。もともと秋葉神社が祀られていたが、地元の人が讃岐の金刀比羅宮で御札をもらって祀ったのが始まりとか。讃岐だったら金刀比羅宮だろう、刀はどうした？と聞くと、途中のどこかで落としてきたとは、平生の笑い話。

温泉販売所

榊原温泉泉源会社では温泉の販売もしており、誰でも温泉を購入出来る。

第３区地区：第３区とは？… 昔は中村、湯元と呼んでいた。鎮守さん、役場、学校のある榊原の中心。

式内射山神社

榊原の氏神になっているが元々は温泉の神を祀る神社で、湯山神社であったと伝わる。御神体は背後の貝石山（射山・湯山）で、天正16年(1588)この地に榊原城を築城した榊原氏が現在地に遷座させている。明治の一村一社で村内の神社を合祀させたことから、榊原の人が一堂に集まる場所となり、各区の郷土芸能の「かんこ踊り」も奉納されている。また境内には他にもたくさんある。

・恋こ槌

鳥居をくぐってすぐ左、ハートをあしらった小ぶりの鳥居がある。その奥の大黒さまが右手に持つ小槌が「恋のパワースポット」になる恋こ槌だ。撫でると良縁がかなうとお参りが絶えない。拝殿前にはハートの絵馬やインスタ映えするハート枠などが準備されている。

・芭蕉翁反古塚

正徳3年(1713)伊賀の俳人・服部土芳が湯治場で句会を開き翁を偲んで建立された。また近年、建立300年を記念して、芭蕉翁がここで逗留されていたときの句「葉桜に袴の裾も濡れにけり」を刻んだ句碑が、地元の有志で建立されている。

・湯元跡

現在は神湯館の敷地になっているが、神社の背後に湯元跡があり、古代から湧き続けた源泉があった。湯治場があったころは「湯所」として、ここで湯を使っていた。さらに古くはここで湯垢離もされ大事な源泉であった。昭和になって終戦後から下流での温泉発掘などで枯れてしまった。

第３区地区：第３区とは？... 昔は中村、湯元と呼んでいた。鎮守さん、役場、学校のある榊原の中心。

長命水/榊の井

射山神社鳥居の前の手水所。継体天皇が即位のとき皇女・荳角媛が斎王に就かれたとき、神宮に向かう途中ななくりの湯で湯垢離（ゆごり）をされ、この辺りに自生する榊に目を止められ榊枝を湧き水に一夜浸し神宮でその榊が使われるようになった。この湧き水で榊は長持ちすることから長命水、また榊の原が榊原の地名になったと伝わる。

林性寺

涅槃図(お釈迦さん)で親しまれているが、天正16年(1588)に榊原藤三郎が死去の時城から乾の方角（北西）に葬り、そこに榊原家の菩提寺を建てた。寺には藤三郎の位牌や墓地には墓石が2基ある。また市の文化財指定の涅槃図。それに600巻の大般若経も保管されており毎年転読が行われている。（写真は涅槃図）

城山

榊原信濃守興経の古城跡とされ、学校の運動場にもなっていたことから原型はとどめていないが、土塁や空堀の一部が確認される。仁木氏がこの地で榊原を名乗り榊原姓の発祥の地とされている。

一の鳥居跡と榊原信濃守塚跡の碑

射山神社一の鳥居跡に並んで信濃守塚跡を示す碑がある。ここは昔の幹線道路で神社まで行かずにここで拝んがこともあった。また並んで榊原氏の塚があったようであるが形もなく近年地元の有志が古地図を元に、塚跡として建立したもの。（左が一の鳥居跡、右が塚跡の碑）

第３区地区：第３区とは？... 昔は中村、湯元と呼んでいた。鎮守さん、役場、学校のある榊原の中心。

湯元誓願寺観音堂

誓願寺観音堂、十王堂、極楽寺観音堂の仏像が祀られている。湯元とは、この辺りを湯元と呼んでいたことと、室町期の観音像が誓願寺だったので、その名が付けられたと思われる。一志郡内西国三十三ケ所観音霊場の30番札所になっている。

第４区地区：第４区とは？... 昔は上村と呼んでいた。一の坂を合わせて4区、榊原では一番広い区。

中ノ山のとんど

「とんど」とはドンド、左義長のことで、榊原では第４区の中ノ山垣内だけが1月に行われている。八幡山と呼ばれる山の台地で八幡様にお参りをして火が点けられる。1月14日が近年ではサラリーマンの都合に合わせて直近の日曜日とされ、現在も続けられている。

専性寺と一の坂の観音堂

専性寺は馬頭観音を本尊として、一志郡内西国三十三ケ所観音霊場の31番札所になっている。また廃寺になった長光寺の薬師如来も祀られている。明治のころは榊原小学校の播磨分校として堂を解放していた。区のかんこ踊りはここの境内で踊られている。一の坂の観音堂は一志郡内西国三十三ケ所観音霊場の32番札所になっている。現在は無住職で一の坂の会所寺となり、祭りには手たたき踊りが踊られる。

第５区地区：第５区とは？... 昔は谷杣村。明治に榊原と合併、榊原のいちばん西に位置している。

海泉寺

谷杣学校の開校は明治8年。同17年には筋向かいの向出で独立校舎となったが、同44年には榊原小学区へ統合される。また海泉寺には三重県最大の寛政一揆で処刑された地元の庄屋・町井友之丞が姉に充てた辞世の句が保管されている。また町井の他、白山町の多気、森の３庄屋の名が刻まれた顕彰碑が無縁塚に建立されている。

談議穴：寛政の一揆の企ての場とされる洞窟が海泉寺裏手の山中にある。☞

カリキド

大和朝廷が伊勢の地に祖先天照大神を祀り、参詣の道中、伊勢の地に足を踏み入れた仮木戸とされている。ここを下り「ななくりの湯」で御祓、湯垢離をして五十鈴川上流に祀られる神宮に向かわれる。伊勢国の入口とされていたようだ。

第６区地区：第６区とは？... 昭和30年の町村合併で大三村から榊原に編入。

西田半峰の碑

エッチングの父、画家の西田半峰が戦時中疎開でこの地に住み、葉書絵を５万枚を目指して郷の絵や狂歌を友人に送っていたが、訃報を知った友人・武者小路実篤氏ら有志が碑を建てて故人を偲んだ。

（右が葉書絵）

お問い合わせ
榊原温泉振興協会 ☎059-252-0017
★榊原温泉ふるさと案内人の会がご案内します★

津市美里水源の森
辰水神社
トーシンプリンスヒルゴルフコース
美里町三郷
グリーン道路
木神楽
航空自衛隊 笠取山分屯基地
笠取山
三甲ゴルフ倶楽部榊原温泉コース
美里町五百野
♨ 神湯館
♨ 旅館清少納言
♨ 湯元榊原館
第4区
第2区
榊原町
第3区
青山高原カントリークラブ
青山高原道路
第5区
第1区
第6区
藤田医科大学七栗記念病院
猪の倉温泉ふよう荘
臨時休業
白山町上ノ村
白山町佐田
ルーブル彫刻美術館
旧東青山駅
近鉄大阪線
東青山
榊原温泉口
白山町三ヶ野
榊原ゴルフ倶楽部
みやた
Google
1 km

歓迎

サンドセラピー砂羽

湯元榊原館

旅館清少納言

榊原泉源開発会社

セラピー砂羽

湯元
榊原館

旅館
清少納言

中垣内の常夜灯

沈下橋

榊原温泉 湯の瀬

旅館 神湯館

榊原温泉
湯の瀬

湯の瀬

旅館 味楽

尺ヶ寺橋

WC P

はじめに

温泉は私の生活の一部として普通にありました。生まれてすぐ温泉だったのです。

わが家には風呂がなく、すぐ近くの日帰り温泉が日常のお風呂でした。

今から百年余り前に新しく湧きだした榊原新温泉です。

生まれたての温泉が、あふれるように直接丸い浴槽に注がれていました。

その温泉は浸かるとお湯はしっとり、肌をさするとツルツル、それが温泉だと思っていました。でも大きくなって他所(よそ)の温泉に行ってみると、それぞれ違った肌の感触です。どこの温泉に行っても自慢があって、その効能などを聞かされます。

効能は温泉教授の松田忠徳先生にお任せして、地元の温泉を専門家でもわからない裏通りの温泉を紹介させていただきます。

本は読むことはあっても書くことは初めてです。同じ文言が重なったり、読みづらい所も多々あると思いますがお許しください。

私は子供のころから何か作ることが好きでした。親に聞くと晋作という名は、晋は「すすむ」、「すすんで作る」のだそうです。意識したことはなかったけど、目の前にあるものはまず壊す。そして元通りにする。でも目覚まし時計で、それをやると必ずネジが余ってくる。そんなことから子供のころはラジオ少年でした。並四や五球スーパーを何台作ったことやら、戦後のラジオ普及には少しは役立ったようでした。

ラジオに興味を持った私は、とうとうラジオ放送局の技術に席を置きましたが、昔の長男の悲しさ、家を離れるのではないかと心配する親に転職を強いられ、一日中机の前や事務の仕事は苦手な私が、地元の郵便局長になったのです。その頃の郵便局は郵便、貯金、保険をひとりで三つの仕事をする効率的なものでした。でも田舎の郵便局はもうひとつ、地域の人たちと仲良く、地域に役立つ仕事もありました。私は四つめの仕事に興味を持ち、生まれ育った地域の仕事が面白くなり、ずいぶん楽しませていただきました。

榊原には何があるのだろう。

地域の先輩などに聞くと「何もない」。誰に聞いても同じ返事で、何もない榊原か…。でも温泉があるけどと聞くと、「温泉はあるけど、ないない」です。

子供のころは大人の人から昔話をよき聞きました。今、それもない。

そうだ、郵便局から外に出よう。お年寄りの家を訪問して昔話を聞かせてもらい、それを紙に書いて郵便局のカウンターに置くと、大変な人気となり新聞やテレビでの話題となったのです。

もちろんその中にも温泉の話が出てくる。だんだん物知りと言われると、そのようにしなければなりません。そして定年退職するやすぐ公民館長にさせていただくと、さっそく公民館講座に「榊原ものしり講座」を作って、講座生と一緒に榊原のことを調べることになり、その講座も二十年以上続いています。でもいつまで経っても専門家ではありません。松田忠徳先生という専門家と、ど素人の書く榊原温泉で、ほんとうに知られていない榊原温泉が、少しでも知っていただければいいなと、初めてペンを持ちました。

また第3章の「榊原の爺の日々想々」は、週刊新聞「三重タイムズ」(三重県津市)に掲載されたものです。

温泉の、その効能は文字で書けますが、お湯の感触や人の温もりまでは書き表せません。古代から湧く温泉で、この温泉を使った禊ぎなど、知っていただくのは肌で感じていただくことです。

ちょっと不便な場所ですが秘境でもありません。この本と併せて榊原温泉を確かめてください。

増田晋作

もくじ

第3章 榊原温泉の爺の「日々想々」（執筆・増田晋作）——79

第4章 榊原に伝わるむかし話（執筆&挿絵・増田晋作）——97

第5章 「温泉大明神」として慕われてきた射山神社（執筆・増田晋作）——123

第6章 元祖「日本三名泉」榊原温泉

～温泉と禊の深い関係（執筆・松田忠徳）――135

第7章　榊原温泉の潜在的な「温泉力」を科学的に解き明かす（執筆・松田忠徳）――177

第8章　入浴モニターによる実証実験から、榊原温泉の効能、その〝底力〟を解剖する（執筆・松田忠徳）――225

第1章

産声を浴びたら、歴史ある名湯だった

（執筆・増田晋作）

1. やっぱり知らない榊原温泉

榊原温泉は昔「ななくりの湯」と呼ばれていたそうですが、温泉の湧く一帯に「榊」がたくさん自生しており、「榊原」と呼ばれるようになって、ここに湧く温泉を「榊原温泉」と呼んでいます。

それぞれ温泉を区別するために、ほとんどの温泉は地名を付けています。登別温泉とか草津温泉。私たちの土地に湧く温泉は榊原温泉。

ところで、榊原は伊勢国壱志郡榊原村でしたが、昭和の大合併で一志郡榊原村が「一志郡久居町大字榊原」となり、久居町ももう少し隣村を取り入れることで人口三万人となり、昭和四十五年（１９７０）に久居市が誕生して、久居市榊原町と「字」から「町」に昇格（？）しました。久居は江戸時代に永久に鎮居するという意を込めて久居藩が誕生し、「久居」いう地名が出来ました。

近鉄名古屋線に「久居」という急行の止まる駅を、地元の要望で一部の特急が停車する駅になりました。

地元では久居を「ひさい」と呼び、子供でも知っています。でも「ひさい」を知らない人には読み方に迷う、ほとんどが「くい」と読むのです。

名古屋から近鉄で帰るとき、乗客の一人が車掌さんを呼び止めて、「くい」で降りるのですが停まりますか？　と質問されていたけど、車掌さんは「くい」が初耳のようでお互いが困っていた事がありました。

榊原が久居になったころから、県外の人と会う機会も増えて「どちらから？」と聞かれるのが苦痛でした。

東京まで行くと、もう三重県がわからない、とうぜん久居もわからない。

「三重県です」「？」

「久居市です」「？」

「榊原です」「榊原温泉？」

最後にうれしい答えが返ってくることがあり、それからは「どちらから？」の問いには「榊原温泉」から始めよう。

これに倣って住んでいる榊原、榊原温泉を使うことにしました。

ずいぶん昔になりますが平成5年2月に道路拡幅で、私が勤務していた郵便局を移転しなければならなくなり、ちょっとこだわった局舎にしたい。屋根に湯気抜きを配したデザインで、入口横に岩風呂を模した小池を作り温泉を配管してもらった。それならば「榊原郵便局」の局名にも温泉を入れて「榊原温泉郵便局」としよう。

2月なら「2」を三つ並べると温泉の湯気になる。2月22日をオープンの日にしようとこだわって話題になり、新聞やテレビで紹介されると噂が広まり、伊勢湾の対岸の知多半島から車を走らせ、「5万円貯金すると温泉を使わせてもらえると聞いた」と、来局されたお客さんに大笑い。日帰り温泉をご案内させていただきました。

「温泉郵便局」となると、全国にいくつあるのかな？

調べてみると43あった。

この中に「○○温泉郵便局」でなく、たんに「温泉郵便局」がある。島根県の山奥、温泉郵便局がありました。出雲湯村温泉です。

気になると行ってみたくなり、出かけてみると昔からの温泉旅館が一軒、町の温泉施設が一か所あるだけの小さな温泉地でした。

旅館に着くと使い古しの洗面器に、ぱりっときれいに洗ったタオルがきちんとたたまれ、その上に石鹸が載せられて、道の前の温泉を使ってくださいと洗面器を渡してくださいました。

ひなびている、榊原温泉はひなびさでは負けている。

左の男湯をくぐり、湯に浸かると先客から「どちらから?」と聞かれたので、わかるかなと思いながらも「榊原温泉です」と答えると、「行ったことあるぞ」と答えが返ってきました。

うれしい瞬間です。

「どこの旅館でしたか」と聞くと、「大きい旅館だったが、一軒だけだったよ」という答えでした。

このころは榊原温泉もよくにぎわっており、11軒の旅館・保養所がありました。

「一軒と言うことはない、ほんとうに榊原温泉でしたか?」と再度聞くと、

「間違いない、旅館の前に大きな池があった」

わかった、高速で久居インターから榊原温泉に来ると、入口辺りで左に分かれて1000人ほど収容できる榊原グランドホテル(すでに廃業)があって、ホテルの前に農業用の溜め池がある、そこだと判断ができて、お国自慢の話に弾んでいきます。

私の妻は女湯に入ったけど、住所を言うときは三重と言っても久居と言っても判ってもらえないから、榊原と言いなさいと伝えてあるので、「榊原」といったそうです。

そうしたら「私も榊原温泉は行きたくて予定をしてたけど、サリン事件があったでしょ

う、大阪駅の乗り換えが怖くてまだ行ってない」。

こんな中国山地の山の中の温泉で「榊原温泉」を知っていてくれた、行ったことがある。

うれしい会話に花が咲いたことは明らかです。


でも、やっぱり知らないのが榊原温泉。

その榊原温泉を知ることが自慢の種となります。

ちなみに久居市榊原町は平成の合併で、津市榊原町となりました。

だから現在は県庁所在地の津市、榊原温泉となっています。

でも榊原温泉は、里山に囲まれた日本の原風景の中です。

2. なんと古い温泉

子供のころ聞いたのは、榊原温泉は古～い温泉で歴史があるということでした。

そのころは湯元榊原館と神湯館、その別館の清安荘の三つの旅館がありました。
電話番号では神湯館が一番と二番、清安荘が三番と四番、湯元榊原館は二代目館主が征八さんで、その名にちなんでか八番でした。

神湯館は式内射山神社に隣接した湯治場の跡地だけど、神湯館が開業するまでは、保寿園という温泉旅館がありました。

明治になり老朽化した藩営の湯治場を壊し、新しく木造の榊原温泉会所を造り、そこを保寿園として山川時次郎氏が経営されたのです。山川家は紀州のお姫様を迎えられ、保寿園には御殿がありました。その御殿跡に神湯館が清原亭という離れを建てられました。

湯治場があった江戸時代には、お伊勢参りで多くの旅人が立ち寄り、旅の疲れを癒したそうです。

湯治客で記録に残る著名な人の中に俳聖松尾芭蕉も逗留され、

「葉桜に　袴の裾も　ぬれにけり」の句も残されています。

芭蕉翁が亡くなって20年目、伊賀の俳人で服部土芳（はっとりとほう）がこの湯治場で句会を開き、亡き芭蕉翁の反古塚を建立され、現在も射山神社境内に残されており、津市の文化財に指定されています。

天正16（1588）年にこの地に誕生した榊原氏が温泉会所（後の湯治場）を造営し、伊勢国司北畠の歌人国永卿も好まれて逗留されており、ここで詠まれた和歌は『北畠権少将源国永家集』にたくさん残されています。

その中の一つに、

「天照太神へ此所より榊を取りて参らせ上る事
　昔は厳密なりけれは懐旧を述べる心の程を神に訴へて
　　世の中の人はすつれど千早振る神に任せて住む榊原」

この温泉会所は、広大な計画で造営されており、図面を見ると周囲を自然の地形を利用して囲われています。

外からの入り口は「東門」だけ、他には湯所への「北門」、神社参拝の入り口「西門」、それと従業員の通用口らしい小さな「南門」だけとなってます。

東門前には観音堂と芭蕉翁反古塚、その傍らに糸桜（しだれざくら）が可憐な花を咲かせていました。その糸桜は取り木をして現在は神湯館に移植されています。

江戸時代には津藩の管理下となったため、温泉会所を藩が湯治場として使うようになりました。しかし藩の管理となると、サービスは二の次、入場には厳しい本人確認が要ったようです。

東海道から分かれ伊勢別街道に入ると椋本宿（津市芸濃町）があり、その追分に「左さんぐう道」「右榊原道」という大きな道標があります。

ここで榊原へ湯治に向かう人は、庄屋さんに紹介状を書いてもらい、それを持って湯治場で見せると、おとがめもなく湯治場を利用することが出来たそうです。これは『芸濃町史』に記されています。

ところで湯治場になった温泉会所は、どうして砦のように囲わなければならなかったのでしょう。そしてその中に温泉の神を祭る射山神社を温泉大明神として入れ込んでいます。

南北朝のころ、この地で南朝の伊勢国司北畠氏の出城として榊原城を築いたのが、伊勢国の守護を務めていた仁木氏。そして仁木の姓を改め榊原を名乗った榊原信濃守興経（おきつね）は射山神社を自らの守護神とし、天文19（１５５０）年に社殿を再興しています。

射山神社所蔵の棟札（津市指定文化財）には「大中臣氏」の肩書きが付けられていることから、伊勢神宮の祭主か大宮司をされていたようで、当時の神宮の荒廃を悲しまれて、宮家の神宮参拝を復活してもらいたいと願ったのでしょう。

そして伊勢国に足を踏み入れられたこの地で、昔、斎王などがこの地に湧く「ななくりの湯」で湯垢離（ゆごり）（温泉による禊ぎ）をしていたことに倣い、安全で１００室を超える温泉会所でお迎えできる環境を作り、十分な安心を確保した施設を作ったのでしょう。

さて、それより古いことを知るの地元に残る温泉資料はなく、ななくりの湯を讃える『枕草子』（1001年）と、『延喜式』（927年）の神名帳に湯の神を祭る射山神社が伊勢国壱志郡に見られます。

明治の村の合併までは、下村、平生村、中村（湯元）、上村の四村を一志郡榊原村と呼んでいました。

一志といえば、『夫木和歌抄』（延慶3＝1310年）に、

「一志なる　七くりの湯も君がため　恋しやまずと聞けばものうし　任信」また

「一志なる　岩根にいずる　七くりの　今日もかいなき　湯にもあるかな　橘俊綱」の和歌が見られます。

当時、都で呼んでいる「ななくりの湯」とは、伊勢国一志郡、現在の榊原温泉だったのです。

ただ、地元に残る伝説を頼りに組み立てていくと温泉の起源にまで辿り着くのです。

榊原の地名伝説に、継体天皇の皇女荳角姫命（ささげのひめみこ）が斎王になられ神宮に向かわれる途中、湯垢離で立ち寄られたこの地で、榊の自生を目に止められ、物部伊勢小田連に使いを出され

てこの地の榊を一夜神社の湧き水に浸し、皇大神宮に運ばれた、と伝わる。これが慣例になって、榊が原、榊原という地名伝説が残されています。

さらに時代をさかのぼると、日本武尊（やまとたけるのみこと）が東国の平定に出発の際、伊勢にいるおばの倭姫命（やまとのひめみこ）に挨拶に向かうため、布引山（青山高原）を越えて湯垢離をするためにこの地に立ち寄られました。その山越えのとき強い風にあおられて、旅笠を取られてしまいました。

榊原は伊勢国の入り口で、集落の西の外れに仮木戸（かりきど）という地名があり、武尊（たけるのみこと）は地元の人たちに「あの山は笠取じゃ」と言ったので、笠取山と呼んで、今も航空自衛隊笠取山レーダー基地や、その風にあやかって100基に及ぶ風力発電の風車群が立ち並んでいます。

禊ぎには水で行う水垢離、滝に打たれる滝垢離、海で行う潮垢離、そして温泉で行う湯垢離があり、榊原温泉は大和朝廷から伊賀国を越え伊勢国に入るのですが、榊原の仮木戸（写真）からが伊勢、そこに湧く汚れのない温泉

カリキドの地蔵堂（撮影：増田晋作）

が格好の禊ぎ場所だったのでしょう。

さらに想像を許されるなら、倭姫命が伊勢五十鈴川の上流に天照大神をお祀りされる前に、禊ぎ場所も探してあったと思われます。

榊原温泉は伊勢に神宮を鎮座されるとき、倭姫さまが見つけてくださった。

そして大事な温泉を守ってくださいと湯山神社を祭ったのが、文字もなかったころ、地元の人たちは「ゆやま」を「いやま」と訛り、射山神社と呼んできたのでしょう。

榊原温泉なくりの湯は、伊勢神宮とセットで開かれた古い古い温泉です。

3. 榊原の温泉と蒸し風呂

昔、銭湯がある町では各家にお風呂はなかったかも知れないが、榊原ではほとんどの家庭に五右衛門風呂があって、思い出話は尽きないところです。

風呂の水くみ、風呂焚き、追い焚きには豆殻だったとか、「げす」と呼んでいた底板の間から上がるヤリ玉（熱せられた大きな泡）に当たると熱かったとか……。

でも榊原で五右衛門風呂を使い出したのは、明治の終わりか大正時代になってからのようです。

榊原には古くから温泉が湧き、伊勢の国に神宮が置かれ、都からの神宮への道中に格好な禊（みそぎ）の場所で、湯垢離が行われたと伝わっています。

もともと入浴の歴史は神道の風習で、川や滝で行われた沐浴の一種とみられる禊で、水垢離、潮垢離、湯垢離があったようです。また仏教の伝来で、寺院が「施湯」という風呂で、人々の垢を落としてあげる慈善事業が始まりだとされ、この行為は血行をよくし、病なども治す力があることから、湯治に繋がっていくのでしょう。

榊原で温泉を使って湯治場が出来たのは、天正16（１５８８）年に榊原氏が大規模な温泉会所を造営してからのこと。

だったら榊原の村人はいつも温泉を使っていたと思うでしょう。でも榊原には「風呂」「風呂屋」の地名や、風呂屋地蔵（写真）がたくさん残っているのです。それも調べると、確認できるところだけで15カ所が数えられ、実際はもっとあったのでしょう。

以前に明治30年ごろに生まれた人から、風呂焚きは子供達の仕事で学校から帰ると、よく風呂を焚いたと聞きました。

風呂屋地蔵（撮影：増田晋作）

詳しくその風呂のことを聞くと、川の側で石をたくさん積み上げ、そこで火を焚いて石を焼く。筵（むしろ）で囲った中で、その石に水を掛けると、真っ白い蒸気が出ますやろ。そこで汗を十分に出して、川の水で汗を流しますんや。蒸し風呂だったのです。

それぞれの集落に「風呂組」や「風呂組中」があって、共同でその蒸し風呂を使っていたようです。

なぜ榊原でせっかくある温泉を使わず蒸し風呂だったのか。それは榊原の湯治場は、榊原氏が造営してまもなく江戸時代になると、この辺りは津藩の領地になり、温泉会所を藩が湯治場として管理したことで、村人は自由に使うことが出来なかったようです。

当時の湯治場の平面図を見ると、周囲を囲むように建物が郭状に建てられており、4カ所の入り口以外からの出入りは出来なくなっています。東門は大きく書かれ遊郭などでいう「大門」だったようです。また西門は温泉大明神（射山神社）境内への入り口、北門は「湯所」へ通じ、南門は小さく従業員の通用口みたいです。実質外部からの出入り口は「東門」だけだったようです。

また東海道鈴鹿関宿からお伊勢参りには伊勢別街道が使われ、途中椋本宿には「左さんくう道、右榊原道」の道標があり、３００年ほど前に榊原湯元が編纂した『温泉来由記』には、椋本―前田―家所―五百野―榊原のコースが、所々行程方角大略に記されています。椋本（津市芸濃町）には「榊原温泉の入湯について」が普門寺所蔵文書にあり、その中に、中縄村庄屋が榊原温泉の湯元世話人中へ、入湯を伝える照会状を出したと記載されており、これに従って湯治人の身元を明かにしたであろう旨が、『芸濃町史』に記載されています。

おそらく榊原温泉の湯治場は管理が厳しく、ある程度の身分確認をしたり、木戸銭も取っていたのでしょう。そんなことから榊原の人は地元でありながら、風呂は温泉でなく、蒸し風呂だったと考えられます。

榊原は六つの自治会（区）が集まっていますが、湯治場のあった三区（旧村名は湯元）には、風呂屋が確認されていません。湯治場は１００室以上の客室があるので、藩は地元の三区の人たちを働かさせ、その人達は仕事の帰りに温泉を使わせてもらえたとすると、三区に風呂屋の必要がなかったとも考えられます。

榊原の湯治場が出来てまもなく江戸に銭湯が出来ました。その創設者は伊勢与一という人だそうですが、まさか榊原の人ではなかったでしょうね。

4. 身近だった湯治場

平成28（2016）年に刊行された『伊賀市史』第2巻の第6章「人とモノの流れ」に、「榊原温泉での湯治」という項目を見つけました。

榊原温泉の地元には湯治の記録は残っていないので貴重な資料です。

興味のあるところを拾い読みすると

伊賀の人々にとって、もっとも身近な温泉地は榊原温泉であった。（略）伊賀街道（国道163号）の五百野村（津市美里町）の酒屋を右に折れて南に向かうと、温泉の入口の新町に着き、ここには豆腐・蒟蒻・干物などを売る商店が並んでいた。

これは私も初耳で、豆腐屋さんは子供のころあったけど新町という地名があったのかと、知ったところです。

湯治場などがあったところは中村だったけど、その後「湯元」が地名として使われていた記録はあります。新町はたぶん、湯治場の入口までの道ばたにお店が出来て、その辺りを呼んでいたのでしょう。

さらに進むと入場案内所があり、ここで人数を伝えて客舎の部屋を紹介される。この案内所には掟書が掲げられており、次のような内容が記されていた。

一、借家の宿賃は一人あたり湯銭（入湯料）込みで一日三〇〇文

二、湯治客が多い時は一畳敷に一人ずつ入ること

三、座敷を借り切った際には人数に関係なく一畳一人とする

四、小湯（個室風呂）は一廻り（七日間）で金二歩

五、幕湯（ほかの客との混浴を避けるため一部に幕を張った風呂）は一廻り銭五〇〇文

ただし、客舎はおよそ八〇軒余りあり、そのうちには一廻り金二両、金三分、銭二

地元に残っていた榊原湯本制札の写

貫四〇〇文、銭一貫八〇〇文の座敷もあり、一日銭三〇〇文の客舎は最も安い部類であった。銭三〇〇文の客舎は、六畳敷の座敷に九尺（約二・七メートル）の台所、二間（約三・六メートル）程の庭がつくものが一般的であった。客舎は、本町。裏の町、新町と続いているが、この記録では、裏の町は湯船に近いものの夏は暑くて蚊が多く、新町は湯船より三町（約三二七メートル）も離れているので、本町の南側がよいとの感想を記している。湯治場は、このような客舎で自炊し、湯船まで通うのであるが、米入の箱・まな板・摺鉢・行灯・火吹竹・手桶・柄杓などは部屋に備え付けてあるものの、布団は一夜あたり銭八文から一六文、木綿の夜着（着物の形をした大形の掛け布団）は銭一二文から二四文を支払って借りることになっていた。また、自炊に必要な食材や薪は地元の商人より購入している。

　このあと、湯治の合間に近隣の名所・旧跡などを散策したり、この地の名物など買い求めていたようです。

榊原の湯治場はたくさんの宿が集まって、好みの宿を使うのではなく、一つの大きな会所（施設）を湯治場に充てて津藩が経営しています。

前ページの写真は正徳3（1713）年、湯治場の前に藩が立てた榊原湯本制札（條々）の写で、庄屋文書に残されていたものです。

5. 温泉を歩いてみよう

榊原温泉を案内するのに「神湯館前」というバス停で降りてもらいましょう。

バスの進行方向に向かって50メートル、そこはもう射山神社の境内です。

鳥居をくぐる前に、長命水（写真＝伝説神ノ木が茂る榊原）という手水所で清めます。

射山神社は『延喜式』（927年）神名帳にも記されている式内社です。祭神は大己貴命（おおなむちのみこと）と少彦名命（すくなひこなのみこと）を主祭神とする、温泉の神さまとして湯山神社だったと伝わります。現在

長命水水源と手水所（撮影：増田晋作）

は19柱の神様がお祭りされており、榊原町民の氏神さまになっています。

　御神体は神社の背後にそびえる貝石山、古くは湯山、射山と呼んでいたようですが、多くの海の貝が含まれる化石が出土することから「貝石山」の名で知られています。貝石山は三重県の天然記念物に指定されています。

　また、神社の社殿を榊原城主の榊原信濃守興経が天文19（1550）年に建てたという棟札も保管されており、こちらは津市の文化財に指定されています。この棟札を見ると、「大中臣氏」の肩書きがあり、伊勢神宮の祭主なども兼任されていたようです。またもう一枚の棟札の氏経は興経の子で、永禄7（1564）年にも社殿を建てられています。そして神社の記録を見ると、社殿が出来た年に宮司が置かれ、現在は15代目です。

また南西の角には芭蕉翁反古塚が建てられています。俳聖松尾芭蕉が湯治をされ、しばらく俳諧をされており湯治場前の糸桜を詠んだ句が残されています。

葉桜に　袴の裾も　ぬれにけり　はせを

芭蕉翁反古塚と句碑（撮影：増田晋作）

ハートをあしらった鳥居（撮影：増田晋作）

射山神社境内にはハートがあったり、恋のパワースポットなど目につきますが、元々縁結びの神様オオナムチノミコトが祀られていることから、榊原温泉ななくりの湯は恋の湯治場として、「ななくりの湯」を題材にした「恋」の和歌が詠まれています。

堀川後度百首　常陸

世の人の　恋の病の薬とや　七くりの湯の湧きかへるらん

春夢草　牡丹花

しるしあらば　七くりの湯を七巡り　恋の病の御祓にやせん

など、数多く見つけることが出来ます。

そのことが最近のパワースポットブームに乗って、良縁を求めてのお参りが増えています。

境内の森の中を抜ける「芭蕉の小径（こみち）」を通ると、神社の裏手に出て、石段を下りたところに「湯元跡」（写真）の表示があります。

ここが江戸時代の湯治場では「湯所」で、湯を楽しんだところです。

100年ほど前、大正時代にここから少し東で亜炭の試掘がおこなわれ、掘るほどに温泉が噴き出すばかりで亜炭

湯元跡（撮影：増田晋作）

湯治場の東門跡（撮影：増田晋作）

発掘は断念され、その温泉は榊原新温泉として、村人たちに愛されるようになり、２０００年続いたと言われる宮の湯は少しずつ減って、昔の温泉は出なくなってしまいました。

貝石山のふもとを唐戸淵といい、この辺りから榊原川のことを「湯の瀬川」と呼んでいます。

赤い欄干の湯香里橋を渡ると、里山のふもとに並ぶ集落沿いを歩きます。

道沿いにある榊原泉源開発会社では、温泉の販売もされ、温泉を汲みに来る軽トラや、ポリタンクに温泉を入れる乗用車などで賑わいます。

花掛橋で湯の瀬川を渡ると、右が湯元榊原舘、左が旅館清少納言、その間を通ります。

前述の榊原新温泉は名を変えて日帰り温泉「湯の庄」として源泉かけ流しの温泉を提供しています。

それから２００メートル、バスの走る県道に出ます。

神湯館の糸桜（撮影：増田晋作）

バス停は「湯元榊原舘前」、そしてバス道を西に200メートルで、榊原小学校前の三叉路があり右に進路を取ります。今では旧道のようですが、まだまだバスの走る本道です。

バス停は「林性寺前」、ここから下り坂になります。この坂を地元の人は「じおの坂」と呼んでいます。

建物の向こうに見える山が、先ほどの貝石山です。ぐるっと戻ってきたのです。

坂を下りきると、右側に昔の入口などにある腕木戸の小さいのがあります。ここが江戸時代に栄えた湯治場の入口です。

榊原の湯治場は、津藩が管理する公設の湯治場だったので、関所のようなかなり厳しいチェックが行われていたようです。

椋本に残る記録に、「榊原へ行くにはここ椋本で庄屋が発行する身分確認を取り、その書状を持参すること」とあります。この書状を提示すると疑いもなく入れてもらえたそうです。椋本宿はお伊勢参りの伊勢別街道の、榊原道への分かれ道です。

現在、神湯館で毎年3月の終わりころ、可憐な花を咲かせる糸桜（しだれざくら）は、明治の終わりごろまで湯治場の入口にありました。

これで「神湯館前」バス停にもどりました。

榊原温泉の旅館や施設のご案内

湯元榊原館　電話：059－252－0206

旅館清少納言　電話：059－252－0048

旅館　神湯館　電話：059－252－0001

味　楽　電話：059－252－0040

サンドセラピー砂羽　電話：059－252－1007

日帰り温泉　湯の庄　電話：059－252－0206

榊原温泉　湯の瀬　電話：059－252－1800
榊原温泉観光案内所　電話：059－252－0017
（一般社団法人　榊原温泉振興協会）
式内射山神社　電話：059－252－1024
林性寺　電話：059－252－0405

6. 里を歩いてみよう

榊原温泉はどんな環境にあるのだろうか、地域を知っていただくために、里を歩いていただければ幸いです。

この伝統温泉と榊原姓発祥の「榊原めぐり」は、榊原温泉ふるさと案内人の会が発行したガイドマップです。本書のカラーの口絵をご覧ください。

第2章

榊原温泉ゆかりの人びと

（執筆・増田晋作）

1. 榊原温泉の功労者

温泉バスとバスターミナル（増田晋作・所蔵）

榊原温泉では昭和11（1936）年12月20日、元々あった湯元榊原舘に神湯館を開業させ、村挙げての温泉復興祭で小学生を中心に、西の果てから、また東の果てから「温泉復興バンバンザイ」を歌いながら射山神社まで提灯行列が続き、村が元気になりました。

貝石山の周辺を観光スポットに整備して、近鉄佐田駅（現榊原温泉口駅）から山越えの道路を開通させ、温泉バス（写真）を走らせました。

また温泉復興を機に榊原に電話が開通し、温泉で大きな村おこしが出来たのです。

榊原温泉復興祭はもちろん榊原村が興した事業ですが、この成功は三重県伊賀出身の事業家田中善助翁なくしては出来なかったことだと、よく聞かされました。

善助翁は伊賀巌倉水力発電、伊賀鉄道、伊勢朝熊登山鉄道等、三重県で数多くの事業に携わった実業家です。これまでの手腕を惜しげなく提供され、さらに多額の資金援助もされた大事業だったのです。

もちろん村では温泉復興功労者として射山神社境内に顕彰碑が建てられています。

2000年にも及ぶ榊原温泉は過去にも温泉功労者を探し出せるのです。

江戸時代にお伊勢参りの旅人を癒やしてきた湯治場は誰が作ったのでしょうか。

この地で城を築いた榊原信濃守興経公が天文19（1550）年に温泉の神を祀る式内射山神社の社殿を建て、天正16（1588）年に神社を一角に入れた大規模な温泉会所を造営されました。

まだお伊勢参りも始まっていないのに、なぜこんな大規模な温泉会所が作られたのでしょうか。

神社背後には源泉が湧出する湯所がります。

式内射山神社に残る棟札には、榊原氏の肩書きに大中臣氏が記されています。大中臣氏

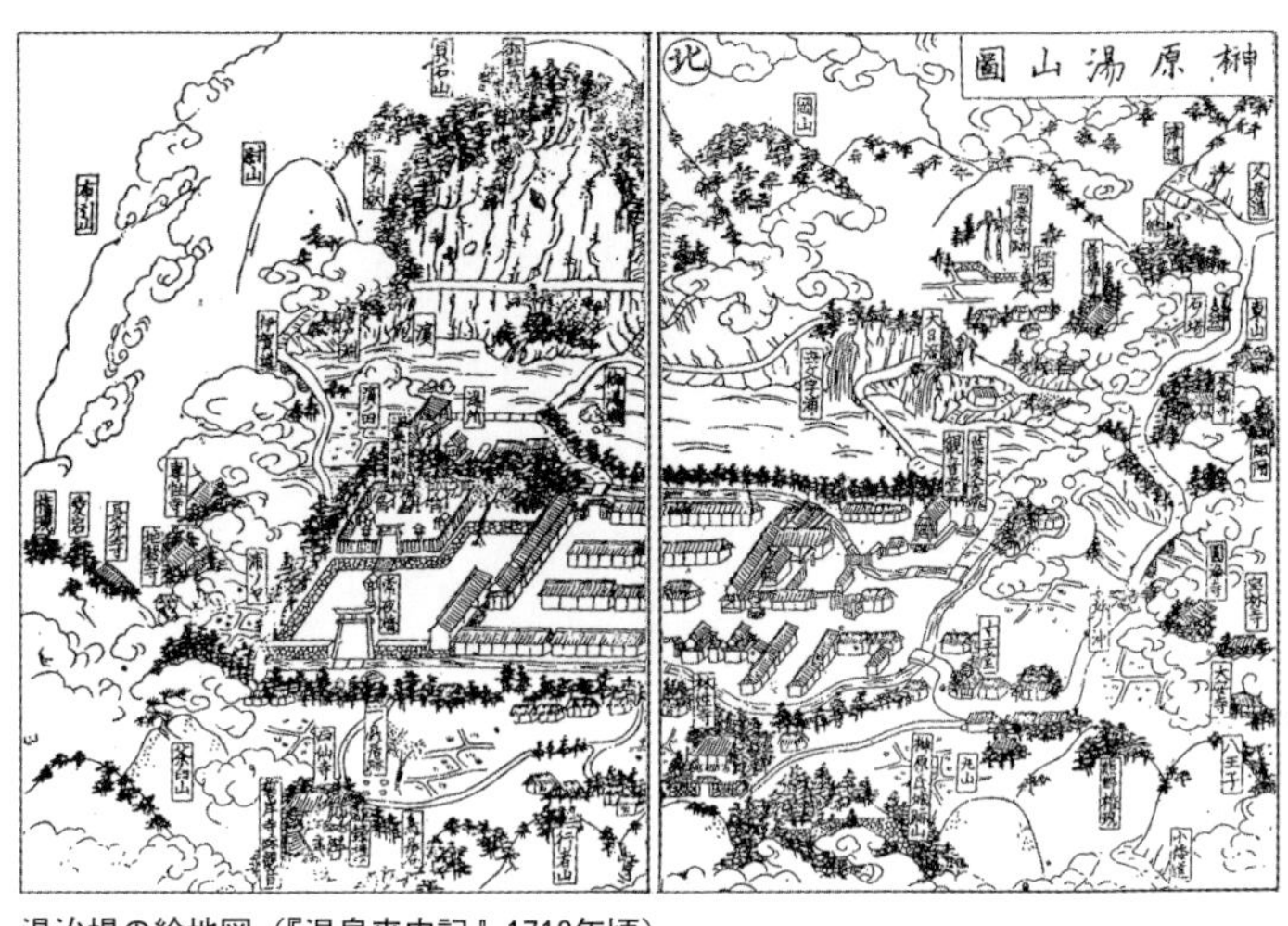

湯治場の絵地図（『温泉来由記』1713年頃）

と言えば代々伊勢神宮の大宮司か祭主をされているのです。

さてこの大中臣の肩書きをもらった榊原信濃守興経公が、大きな温泉会所を作られたのは、荒廃した当時の伊勢神宮を見て悲しまれたのではないでしょうか。

斎王の制度もなくなり、神宮に参られる宮家の方々もなく、寂しい状態だったのでしょう。

大中臣として何とか神宮復興をしたい。

都から神宮へ向かう途中、伊勢の地に足を踏み入れたこの地で御祓（湯垢離）をされた温泉が今なお湧き続いているのを見て、２００人の行列でも宿泊できる安全な温泉会所を作り、昔のように参宮してもらおうと考えられたのでしょう。

椋本の道標と道路元標（撮影：増田晋作）

それも時代は江戸に突入すると、伊勢の御師が全国からお客を集め、お伊勢参りが大ブームとなるのです。榊原村は津藩となると、お伊勢参りの旅人を引き込もうと、藩はその温泉会所を湯治場として使うようになり、大変な賑わいをみせ、東海道関宿から伊勢別街道に入った椋本宿（津市芸濃町）の辻には「左さんぐう道・右榊原道」の道標（写真）が今も残っています。

その湯治場に使われた温泉会所は榊原氏が造営し、その後も湯治場で温泉振興に貢献されています。

善助翁の次は榊原のお殿様でした。

そして平安時代には清少納言が『枕草子』に「湯は、ななくりの湯」と記され、その宣伝効果は大きかったですね。

初代の温泉功労者は清少納言かも知れない。

いずれにしても伊勢の神宮と榊原温泉ななくりの湯は関連が深いのです。

さらに伝説の時代になりますが、天照大神をお祀りする聖地に伊勢を選ばれた倭姫命が、大和国から伊勢国に足を踏み入れた場所に、御祓の場所をなくりの湯と決められたことから、榊原温泉なくりの湯の開湯と考えてみたくなります。

とうとう神代の時代に遡りました。

伊勢神宮の功労者は倭姫命といわれますが、それならば榊原温泉の開湯功労者も倭姫命となるようですね。

2. 私の知る善助さん

～榊原温泉復興の功労者「田中善助翁」を語る

昔、私の子供のころは現在のように世の中の移り変わりが早くなく、スローライフとでもいうのでしょうか、いつまでも余韻がのこる、そんな時代だったように思い出していま す。

まだ学校に上がる前の写真でわが家の写真アルバムに、日の丸を挿した雪だるまと写っている私の写真がありましたが、その頃からの記憶が断片的に残っています。太平洋戦争が始まったのが昭和16（１９４１）年12月ですから、4～5歳だったのでしょう。

この頃の記憶の中に「紀元は二千六百年、ああ一億の…」や「温泉復興バンバンザイ」があります。

ところが紀元二千六百年は昭和15（１９４０）年、昭和13年生まれの私には記憶にはないはず。また温泉復興は昭和11（１９３６）年、記憶どころか生まれていません。

温泉復興は村中が沸き返り、村の西から東から、小旗を手に子供から老人まで「温泉復興バンバンザイ」を歌いながら、昼は旗行列、夜は提灯行列が続いたと伝わります。

そんなことから、家族の余韻が幼い私の記憶になったのでしょう。

そのころ榊原温泉に旅館が3軒あって、高級旅館と位置づけられていたのが神湯館でした。

神湯館には金閣寺を模した大浴場と三十三間堂を模した家族風呂があって、貝石山のふもとには湯の瀬川に太鼓橋が架けられ、記念写真の格好の場所でした（写真）。

祖父に連れられ大浴場に行ったけど、幼児の私にはお湯が熱かったことだけが記憶に

温泉復興のシンボルになった金閣寺大浴場（増田晋作・所蔵）

残っています。

国民学校（現小学校）入学は昭和19（1944）年、終戦の前年でした。

そのころは神湯館も白衣を着た兵隊さんがいっぱいでした。

神湯館と白衣の兵隊さん。いずれも善助さんがお作りになったものです。

善助さんが榊原村の温泉復興に取り組まれたことは、翁自ら執筆された『鐵城翁傳』（昭和19年7月、鐵城會事務所発行）に詳しく述べられていますので省略しますが、私なりの語りをお許し下さい。

30年余異動もなく、地元の小学校で教壇を執られた崎一市（さきかずいち）先生は、酒が好きなアイデアマン。榊原の生き字引と言われていました。

その崎先生こと黙（もく）さんが榊原新温泉（現在の湯元榊原舘）で先生仲間と一杯やっているとき、障子が破れていて見苦しい、その破れ障子に大きな紙をべったり貼り、大きな字で「湯は 七栗の湯 有馬の湯 玉造の湯　清少納言枕草子」と書いて帰ったそうです。

折しも善助さんが新温泉で湯治をされており、その大きな落書きが目に入って、「これは売れる」と感じられたそうです。

破れ障子の落書きが縁になって、伊賀のアイデアマンと榊原のアイデアマンの交流が始まったのです。

善助さんは上野町長時代に作られた伊賀上野音頭の曲に、黙さんの歌詞を充てて榊原温泉小唄が作られ、榊原温泉復興祭で披露されました。もちろん榊原温泉小唄は芸者さんの三味線と踊りで多くのお客さんへ、無形のお土産となり、カラオケ時代になるまで続きました。

そして復興祭を記念に小冊子『伊勢榊原いでゆのまこと』を黙さん編集で発刊されました。

善助さんは環境を活かし、楽しめる景観を作られたことも、訪れる観光客を満足させクチコミの材料となりました。

金閣寺大浴場や三十三間堂家族風呂は先に述べましたが、建築に当たっては地元で工務店をしていた小瀬古貢さんと相談し、貢さんは何度も京都へ足を運んだと聞きました。

金閣寺大浴場の対岸は県の天然記念物「貝石山」で、そのふもとへ太鼓橋を架け、8合目辺りに朱塗りの観音堂を建て、そこへの石段は黙さんにお任せ、青年団を駆りだして浴衣と下駄履きで登れるようにして、観音堂は榊原温泉の展望台になりました。

そして善助さんはすごいな、と思ったのは榊原温泉ここにありのPRを見事に成し遂げられました。

今のようにテレビやインターネットなどの情報メディアもない中、善助さんは榊原に国の施設を誘致し、全国から集まる人たちが榊原温泉を知ってクチコミが始まる。素晴らしいアイデアです。

さっそく取り組んだのは陸軍療養所の誘致でした。

この効果は大きかったようで、ほぼ全国、一部ではありますが榊原温泉を知ってもらえるようになりました。

療養所は昭和14（1939）年に実現しましたが、翌々年には太平洋戦争の勃発で、収容される兵隊さんは日増しに多くなり、療養所だけでは収容しきれずに、神湯館や榊原館の客室が療養所の分室に充てられ、温泉客にも影響が出はじめました。

湯元榊原舘の正面玄関前（増田晋作・所蔵）

写真は分室に充てられた湯元榊原舘へ学生の慰問です。

戦時中は勝つために、戦争のために無駄を省かねばなりません。神湯館の金閣寺大浴場も燃料節減で閉鎖をするなど、ほしがりません勝つまでは、です。

このころ旅館の大広間などは、療養中の兵隊さん慰問の場所にもなって、私も兵隊さんの膝の上で阪妻の映画「無法松の一生」を観た記憶がはっきりと残っています。

この国（軍）の施設誘致は榊原温泉周知に大変役立ちました。

戦後30年ほど経ったころ、昔ここの療養所でお世話になったと、榊原を訪れる人も時々あって、運転をしていた石田さんはご健存かとか、療養所の裏手に池があった見に行きたい等々、ご案内させてもらったことも度々あります。

善助さんのおかげで温泉復興は大成功、榊原村は活気を取り戻したのです。

この事業は善助さん自らが神湯館を経営され、周辺の環境整備で、何の変哲もない農村地域に、思い出に残る景観を造られ、さらには温泉客誘致のため関西方面からのルートを作られました。

この当時、近鉄電車は参宮急行電鉄（参急）でしたが、榊原から山一つ越えたところに佐田駅という電車の駅がありました。

佐田駅は現在の榊原温泉口駅ですが、善助さんの自費で1万円を投じて6キロの道路を開通させました。現在この道路は県道28号、亀山～白山線となっています。

当時の写真を見るとマイクロバスよりも小ぶりですが、佐田駅から神湯館まで温泉バスを走らせました。

また榊原温泉復興祭までは、榊原村には電話は開通されておらず、郵便局の資料ではその一と月前、昭和11年11月電話開通と記録されています。当然、善助さんの神湯館は電話1番と2番、別館の清安荘には3番と4番が充てられました。

それと榊原に初めてお米屋さんが開業され、非農家の方達はずいぶん助かりました。

神湯館には芸者さんのきれいどころがずらり。この芸者さん達は館内だけのお仕事だけではなく、善助さんならではでしょう、常に地域を思い榊原小学校の講堂では、時々村の人たちを集めて、きれいな芸者さんたちの演芸を見せていただきました。

温泉復興10年目に善助さんは惜しまれながら他界され、さらに10年、復興20周年を記念して、射山神社境内に「温泉復興功労者　田中善助翁碑」を榊原地区民一同で建立されました。

そしてさらに60年が経ち、平成28（2016）年6月、榊原温泉振興協会定期総会の会場で、善助翁の功績を昔話として拙老がお話しさせていただき、翁碑前に集まって全員で手を合わせました。

田中善助翁の顕彰碑（撮影：増田晋作）

3. 芭蕉さんと榊原温泉

葉桜に　袴の裾が　ぬれにけり　　はせを

これは俳聖松尾芭蕉が生前榊原の湯治場で読んだ句とされています。

芭蕉さんは奥の細道の旅を終えてから、伊勢と伊賀を結ぶ長野峠を越え、伊勢の地によく足を向けられていたようで、長野峠の「初しぐれ猿も小蓑をほしげ也」はあまりにも有名です。

また久居藩主の藤堂高通公は任口の俳号を持ち芭蕉さんとも交流があったと聞くし、姉上が久居城下の長善寺（現在の超善寺か？）にいたことから久居には縁があったようです。

芭蕉さんは奥の細道の旅では温泉地もずいぶん立ち寄られたようですが、温泉で読んだ句は終盤の山中温泉ぐらいでしょう。ここでは逗留もしているし温泉が気に入ったのではないでしょうか。

そういえば榊原温泉はちょっと山中温泉と環境も似ています。その時代の榊原は山中温

射山神社境内にある句碑（撮影：増田晋作）

泉に引けを取らない、お伊勢参りの旅人で賑わった湯治場でした。

こんなことはないでしょうが、ひっそりと榊原温泉で長旅の整理をされたのだろうか。後述しますが、芭蕉さん俳諧の反古はずいぶんあったようです。

時代は下って、明治27（1894）年榊原温泉会所発行の『榊原温泉来由記』の「糸桜」にこんなことが書いてあります。

糸桜　観音堂の境内にありその経歴数百年に及ぶ実に稀代の老樹なり。樹高一丈八尺周五尺幹心腐蝕し枝葉地上に垂下しその情景あたかも老柳の如し。樹下に芭蕉翁反古塚あり伝えいうに翁生存中永く此地に遊び俳諧の反古積んで山を成す。後人之を埋めて塚となし芭蕉翁反古塚と称すと

うちなびく枝は柳の朝露に
　深き色こそ糸桜なれ　　　　権少将源國永
春風も散らさぬほとの庭の面に
　乱れて匂う糸桜かな　　　　権少将源國永
葉桜に袴の裾もぬれにけり　　　　はせを
温泉煙りの中に立けりいとさくら　　　伊勢香素

このように記されています。

糸桜は湯治場のシンボル的存在で、湯治場造営の頃から親しまれていたようです。北畠國永卿は北畠氏の歌人で、榊原温泉で数多く詠まれた和歌は『北畠家集』に残されています。

糸桜、観音堂、芭蕉翁反古塚は湯治場の東に位置し、明治の終わり頃まで残っていました。湯治場東門前には旅籠「ぼたんや」があり、現在は坂口商店になっていますが、明治の中頃、そこで生まれ育った故坂口敏夫氏から話を聞くことができました。

坂口さんによると「明治の終わりごろ家の前の道を拡幅する工事があって、毎日見ていたけど、芭蕉さんの反古塚を除けるとき、敷台の下には真っ黒になった紙が何層にも埋まっていた」。『温泉来由記』にもあるように、かなりの反古にした紙が埋めてあったようです。

そして糸桜は古木で移植できず、取り木で現在の神湯館の敷地に、また観音堂は別の場所に湯元誓願寺として、誓願寺、十王堂の仏像と共に祀られ、毎年8月17日は「観音さんの祭」として地元の夏祭りになっています。また芭蕉翁反古塚は市の文化財として射山神社境内に移転して、地元の有志で反古塚建立300年の記念碑も建立されています。

実は芭蕉翁反古塚は芭蕉さんが亡くなって20年目の正徳3年に、芭蕉の門人服部土芳が建立したとされているのです。

津藤堂藩の藩史年表の中に「正徳3年5月伊賀の俳人服部土芳、榊原温泉に泊まる」とあります。おそらくこのときであり、故坂口さんがいう「この反古塚は芭蕉さんのお弟子さんが建てた」は服部土芳だったのでしょう。

何もない榊原。これを誇り（？）にしていましたが、出るわ出るわ、探せば出てくるものです。歴史ある土地にはどんなお宝が埋まっているやら。宝探しも楽しいものです。

4. 榊原家誕生の地

昔ここは勢州一志郡榊原村でした。

明治になって平生（榊原第二区）の本願寺に榊原学校が開校しました。明治8年と記録されています。

独立した校舎が出来たのは明治22年、湯元（榊原第三区）の少し高台に移りました。ただこの場所は校舎だけで運動場までのスペースはなく、少し離れた城跡を均（なら）して、そこを学校の運動場や村のイベントなどを行っていました。

城跡とは室町時代に築城された小高い山城の跡で、今も土塁や空堀が確認されます。いちばん敵兵を防がなければならない空堀を横切るように坂道が作られ現在に至っています。地元では城山と呼んでいます。

また後（江戸時代）に描かれた榊原信濃守興経古城跡　縄張之図が保存されており、榊原氏がこの地で活躍されていました。

榊原城跡は『伊勢名勝誌』（明治22年）に、高さ15丈、広さ３００坪と記されています。榊原氏は仁木義長の5代末裔がこの地で城を築き、榊原姓を名乗ったとされています。

歴史の資料によると、清長が三河に渡り松平氏に仕え、その子長政の子、康政が徳川四天王に出世され、譜代大名として幕府からの信頼も厚かったと讃えられ、榊原氏のふるさとの一人として気持ちのいいものです。

三河に移られてからの榊原氏はよく調べられていますが、この地での榊原氏はどうされたか、正直誰も知らないそうです。でもわずかばかりの地元に残る資料から、地元は地元でそれなりに活躍されておられたようです。

式内射山神社に保存されている棟札（写真）に、榊原信濃守興経が社殿を建てられたと記録されていますが、その肩書きに「大中臣氏」の文字が記されています。その子、氏経も社殿を建て、その棟札にも「大中臣氏」が記されていることから、代々伊勢神宮の祭主とか大宮司をされていたようです。

榊原藤三郎死去のとき「城より乾の方角に葬るべし」という占いどおり葬って、戒名の林性浄智居士の一部を寺号に菩提寺「林性寺」を開基されました。また榊原の湯治場は榊

射山神社の棟札（撮影：増田晋作）

原氏が温泉会所を開設され、江戸時代にはその施設を津藩が運営していました。

そして、こんな昔話が残っております。

貝石山の西の谷を「そや谷」といい、その谷を登っていくと道ばたに大きな岩があって、その岩に小さく深い穴が一つ空いています。その穴は運試しの穴と言われています。

昔、榊原の殿さまが観音様に立身出世の願掛け参りをされたそうです。するとある晩のこと、夢の中に観音さまが現れて、「槍の名手と聞くが岩を刺せるかな、刺せれば願いが叶うが折れれば諦めるがよい」と申された。

お殿さまは長野（津市美里町）のお城へ向かう途中、馬にまたがったまま運試しとばかり、そや谷の大きな岩をめがけて「ヤーッ」と、ありったけの力で槍を突くと折れるどころか、口金まですっぽり刺さりました。

それからは徳川四天王を振り出しに、とんとん拍子に出世され、とうとう越後高田15万石を手にされたのですから、槍の突きが運の付きとなったのですね。

子供のころ、祖父に連れられそや谷を越えて親戚に行く途中に、その岩の前でススキを手で千切り、小穴に挿してくれました。ゆうに50センチは入ったことを思い出します。

ふるさと探しで来られる榊原さん、自分と同じ名の温泉に来たらふる里だったと驚かれる榊原さん、温泉の他にも榊原家の発祥の土地ですよ。

5. 地元の榊原家のこと

三河に渡られた榊原家のことは、歴史上の人物としてよく知られるところです。地元に残られた榊原家は、拙宅の隣の榊原さん。地元では名字では呼ばず、隣のカズやんとかキッちゃん、ケイゴさんでした。榊原第一区の丸ケ谷垣内（隣組）で、お城の御殿医だったという西山家も同じ垣内です。

西山家文書に拙宅は針医だったと記されているけど、残念ながら拙宅増田家にはそれらしきモノは見あたりません。

で、丸ケ谷の墓地を見ると、西山家と増田家の墓は小さな田んぼを挟んで分かれており、それぞれ丸ケ谷垣内の墓石も分かれていました。一般的には同じ垣内の墓石は一個所にまとめられているのですが、同じ垣内で二個所に分かれているのは丸ケ谷垣内の墓地（さんまい）だけです。

榊原家の墓石はどちらにあるのでしょう。実はどちらの墓地にもないのです。

榊原家の墓地は少し離れた「嫁落とし」と呼ばれる山の中腹に十数基の墓石が並んでい

榊原藤三郎の墓石とされる（撮影：増田晋作）

ました。近年菩提寺の林性寺の墓地に遷されましたが、自然石のはっきりしない墓石はそのまま現在も残されています。やっぱりお殿様だから違うんだと、近所の人は言います。

榊原家は昭和50（1975）年ごろ、ご主人の仕事の関係で四日市方面へ移転されました。ときどき菩提寺の林性寺にお墓参りに来ておられましたが、平成25（2013）年に他界されて、地元の榊原家は幕が閉じられたのです。2人のお子さんがいたのですが女性2人で、養子は迎えず嫁いで行かれたために、榊原姓がなくなってしまいました。

榊原家のことを調べて本にまとめられた二人の榊原さんがいらっしゃいました。

発刊された書籍は榊原帀雄『清和源氏系義国流 榊原の歴史』(平成元年10月31日発行)と、榊原康彦『清和源氏系榊原家の歴史 兵家の終焉』（平成30年11月20日発行）です。愛知県

豊橋市と神奈川県横浜市の方ですが、残念ながらお二人は他界されており、お調べになられた一部を拾い出してみますと、

榊原信濃守興経

清長の長男である。清長が榊原庄を離脱、三河松平氏に迎えられたあと、榊原城を継いでいる。榊原氏は南朝朝廷から神祇官に補任され、大中臣氏の姓を賜っていた。従って武人としては足利一族の流れをくみ、榊原城主でありながら、神祇官として姓大中臣を称し、伊勢神宮外宮の大宮司を兼ねていた。

興経在世中の注目される事業は、伊勢守護の禄喪失を補完するための温泉場整備と射山神社（湯之大明神）の整備事業であった。

榊原温泉は、昔から「宮の湯」と呼ばれていた。宮の湯とは宮家（皇族）の温泉また伊勢神宮湯垢離の温泉の意で、当時、都では「ななくりの湯」として知られていた。

（中略）

この地を領していた榊原興経は「射山神社」を守護神として、天文19（1550）年に社殿を再興し、天正16（1588）年射山神社を「温泉大明神」として、貝石山中腹から榊原城主館跡地に遷座し、その一角を取り入れ、わが国最大級といわれる湯

治場施設（温泉会所）を作った。（後略）

また興経の子「氏経」も大中臣として、伊勢神宮に仕えていたことが射山神社の棟札から読み取れます。

このように、**地元に残る榊原家は温泉振興にも貢献され、榊原村が伊勢国津藩になってからは藩運営の湯治場になるも、代々温泉に関わっておられたようです。**

ところで、新潟県の赤倉温泉は妙高高原にあって、霊山妙高山には一般の入山が禁じられていたそうです。そこで文化11（1814）年に、地元民が赤倉温泉の開発を越後国高田藩に願い出たところ、翌年に開発の許可が出ました。その湯治場は高田藩が運営をし、日本唯一の藩営温泉であったとされています。高田藩の時の城主は、榊原温泉をふるさとに持つ榊原氏です。

榊原温泉も江戸時代は津藩が運営する藩営温泉でしたが、その施設を作ったのが天正16（1588）年榊原城主の榊原氏です。

榊原氏は温泉に縁があるようです。

第3章

榊原温泉の爺の「日々想々」

（執筆・増田晋作）

大地の恵み「美人の湯」

温泉は太古の昔から湧いていたというけど、太古の人たちが穴を掘って温泉を発掘したことはないと思う。すべて自噴で、ただ湧き水のように湯気を伴って流れ出していたに違いありません。湧き水は癖もなく、ほぼ一定の温度で飲み水には適したでしょうが、温泉は味も違うし温度も違う、変わった水だったのでしょう。

現在のそれぞれの温泉には伝説があって、自然に湧いた温泉に猿が浸かり熊がいました。傷ついた鹿も温泉で治していたでしょう、それを見た人たちは熊の湯とか鹿の湯と呼んでいました。

人間と温泉の出会いは驚くほど古く、遺跡などから旧石器時代ともいわれています。

歴史的には御祓（みそぎ）に温泉を使った記録がありますが、「御祓」は「清め」のことで「きれいにすること」です。今の言葉ではリセットですね。新しく生まれ変わる「蘇生」です。

蘇生で知られる温泉は小栗判官が蘇（よみがえ）った再生の湯、和歌山県の湯の峰温泉がよく知られています。熊野三山詣での御祓にも使われ湯垢離（ゆごり）の温泉でした。

温泉には、全ての温泉ではありませんが、蘇生のパワーがあり、それが御祓に使われてきたとなれば理解できます。

自噴する温泉のメカニズムは知らないけど、大地のパワーをたっぷり含んだ液体を地上に押し上げていることは分かります。これだけでも温泉のパワーは感じ取られますが、その液体は含まれる成分も違い、またパワーの違いは成分の違いだけではなさそうです。

榊原温泉のびっくり効力に、酸化を還元するパワーは成分の中には現れていません。榊原温泉は「美人の湯」といわれますが、全国にはたくさん「美人の湯」はあります。それだけ「美人の湯」の関心度が高いのでしょう。平安時代には小野小町が山形県の小野川温泉、清少納言はご存じ榊原温泉です。

先日、榊原温泉で松田忠徳温泉教授の温泉座談会が開催され、そのタイトルが「榊原温泉は、なぜ『美人の湯』といわれるのか?」でした。その中で榊原温泉の「美人の湯」を科学すると、次のように解説されているのです。

榊原温泉は清少納言が絶賛しただけあって、「メタ珪酸」の含有が多く、クレンジング効果抜群の美肌の湯である。肌の皮脂とメタ珪酸などの含有成分が合わさって、天然の石けん効果となり皮脂や古い角質を洗い流す。つるつる肌のいかにも美人の湯に浸かったという満足感が出るというものですね。

またその成分とは別に榊原温泉の酸化還元電位の極度な低さです。電位とはミリボルトで表す単位で、電位が高くなると「酸化」「老化」が進むことになります。教授の測定では、掛け流しの湯口でマイナス304ミリボルト、湯尻でマイナス247ミリボルトでした。これだけ抗酸化力を持った温泉は極まれで、「美人の湯」を名乗る有名温泉だってせいぜい一桁か二桁止まりで、若さまでも保つ力があるといわれました。

大地から自噴する温泉は、自然が作り上げた天然の化粧水でもあるのです。

近年、ボーリングによる温泉発掘がたくさんありますが、自噴していた温泉はそれだけパワーも大きいのではないでしょうか。

来年（2016年）は伊勢志摩でサミットが開催されます。榊原温泉は世界の女性にも愛されるはず。「伊勢の榊原温泉で美人を作り、志摩の真珠で淑女を飾る」。このチャンスに世界に情報発信できたらいいいな。

榊原温泉はハレの湯

榊原では毎年2月には榊を、また6月には温泉を伊勢の神宮へ奉納しています。

そのとき神宮で御垣内参拝をさせていただき、服装は男性はネクタイ着用、女性はそれに倣ったいわゆる晴れ着で参詣することになります。

晴れ着、晴れ姿、晴れの舞台など「晴れ」は特別です。

古来より日本人は、日常の普段通りを「ケ（褻）」の日と呼び、正月や祭礼また記念すべき特別の日を「ハレ（晴）」の日と呼んで、日常と非日常を使い分けをしていたそうです。

ハレとケ、日常生活にメリハリをつける日本の素晴らしい文化だと思います。

♪正月さんはええもんや　赤いべべ着てチャラ履いて…

子供のころ正月によく歌ったものです。

どこへ行くわけでもないけど、正月には晴れ着を着ました。

正月は一年中でいちばんのハレの日ですね。

榊原温泉は、時の大王（おおぎみ）が伊勢に祖先天照大神を祀る神宮を置き、参拝で伊勢入りには禊（みそぎ）をするに格好の温泉が湧き、湯垢離（ゆごり）の出来る特別の休憩場所だったようです。

まさに榊原温泉は大王にとって「ハレの湯」だったのでしょう。

神宮が庶民に解放され誰でもお参りできるようになって「伊勢参り」「おかげ参り」で

江戸時代はたいへんにぎわいました。榊原温泉もその人たちでたいへんにぎわった記録があります。でも有名でない榊原温泉。

江戸時代に江戸で温泉ガイドブックが発行され、古くからの温泉や大規模な温泉地が紹介されています。でも榊原温泉は含まれていません。

開湯１３００百年といわれる同じ三重の湯の山温泉は含まれているのです。

榊原温泉はもっと古い、神宮とセットされた温泉だというのに……。

榊原温泉はハレの湯、特別すぎる温泉だったのでしょう。

この地で誕生した榊原氏の足跡にその秘密がありそうです。

榊原氏誕生と同時に三河に移った榊原氏は歴史上の人物として周知されていますが、地元に残る榊原氏はあまり知られていません。

でも射山神社棟札には天文19（１５５０）年に神宮の神官（大宮司）である大中臣氏の肩書が2代にわたって記されています。

榊原城主だった榊原信濃守興経（おきつね）は天正16（１５８８）年に１００室を超える大きな湯治場を造営し、出入口を一か所にした廓状を模っています。

間もなく榊原は津藤堂藩の領地となり湯治場は藩の管理となって、厳しい利用規定があったようです。

いくつかの温泉宿があって湯治場が形成されていたのではなく、藩の管理下で運営される湯治場で、椋本（津市芸濃町）の記録には、庄屋が発行する紹介状を持参すると、榊原温泉が利用できるなど厳しい掟があったようです。

ちょっと特別すぎる温泉、まさしくハレの温泉だったのでしょう。

そのために江戸時代の温泉ガイドからも外れたのかもしれませんね。

間近に迫った伊勢志摩サミット、これも特別です。三重県にとってハレのイベントです。物騒な時代になりましたが、安心安全のサミットを願い「ハレの湯」榊原温泉で癒してほしいものです。

榊原の湯は、やっぱりパワーがありそう

以前この新聞に榊原温泉の効力はすごいと書いたことがありましたが、その記事を読んだ私の友人T川さんが「増田さんに習って温泉を飲み続けたら持病がずいぶん良くなった」と聞かされました。

詳しく聞いてみると、病院で肺気腫と診断され、医師からの投薬もあまり効き目がないので、セイダカアワダチソウを煎じて飲んでいたけど、良くなる気配もなく榊原温泉の飲泉を始めました。

すると少しずつ効果がみられ、痰（たん）が出なくなったことはありがたく、今ではすっかり良くなった気分です。

病院の先生には、セイダカアワダチソウや飲泉のことは言ってありませんが、痰が出なくなったら安心だと喜んでくださった。

それが温泉なのかセイダカアワダチソウなのか、また両方の効果なのかわからないけど、温泉が作用したことに間違いないと、T川さんは喜んで話されておられました。

また榊原温泉の実証実験で入浴モニターをされたH積さんは、引き続き飲泉を続けられており、これまで以上に体調はよいとのことです。

榊原では普通の温泉ですが、体験上でもその効果が実証できています。

昔の人たちの湯治は、現在の西洋医学のように、すぐ治すことは出来ないかもしれないけど、うまく併用することで、健康寿命を延ばすことが出来そうですね。

もともと榊原温泉は伊勢に神宮が置かれたころから、神前に向かう前に「湯」を使って禊（みそぎ）をしていたことから、当時の地名で「ななくりの湯」として都ではよく知られていました。

　その禊の歴史は古く、イザナギノミコトが水で心身を清めたことに由来するとされ、『古事記』のはじめごろにそのことが書かれています。

　水で行う禊を「水垢離」、海水では「潮垢離」、また温泉での禊を「湯垢離」と呼んでいたようで、『世界大百科事典』（平凡社）で禊を調べると、

「水浴して身体を清める宗教儀礼。神道では〈禊祓（みそぎはらい）〉といって身心の罪や穢れを水で洗い清める祓，すなわち浄化の所作とする。神事に当たって物忌のあと積極的に身心を聖化する手段の一つだが，服喪など異常な忌の状態から正常な日常へ立ち戻る一種の再生儀礼（生まれ清まり）でもある」とあります。

　禊には浄化と再生があります。

　その当時、榊原温泉を化学分析して酸化還元力が高く、再生力に優れていたことを知ったわけではないでしょうが、体験などで再生力を知ったのでしょう。

　古代の人たちの能力は現代人では解明できないことも多く、今とは別の方法で知識を得ていたのでしょうね。

温泉は湯だけではない

家庭の風呂ではなかなか体を伸ばせません。

温泉に行くと両手両足をうんと伸ばして「いい湯だね」とつい言葉が出ます。

天然温泉は含まれる成分によって泉質が分類され、食塩泉は熱海温泉や白浜温泉など歴史ある温泉が多く、毛穴を塩分がふさぎ汗の蒸発をふせぐため保温効果があると言われます。

また『枕草子』に出てくる玉造温泉は硫酸塩泉、これも塩分を含むため保温効果があり、有馬温泉は鉄泉で昔から「赤湯」と呼ばれ天下人、豊臣秀吉も好んだようです。

玉造、有馬と来れば「ななくりの湯」榊原温泉ですね。

榊原は単純温泉と言って日本で一番多く、道後温泉、鬼怒川温泉、修善寺温泉、由布院温泉、また岐阜の下呂温泉も単純温泉です。いずれも名湯ですよ。

一昨年（２０１６年）、榊原温泉で41名の湯治モニターを使って「入浴効果実証実験」が実施されました。

その結果、入浴したら皮膚の還元力がアップした。入浴したら頬の水分量がアップした。

入浴したら血圧が下がった。入浴したら万病の元の活性酸素が減少した。入浴したら「酸化」体質が「還元」体質に変化した。と、いいことずくめです。

でもこれは、3ヶ月通い湯治25人と4泊5日の16人が、医学博士の松田忠徳先生（グローバル温泉医学研究所所長）の細かい約束事を守って行われた結果なのです。

たまに行く温泉でその効果が得られるでしょうか？

榊原温泉をご利用された方に聞くと、「ええ湯ですなあ、肌がすべすべになりましたわ」「アトピーが治った」「痛かった膝が楽になりましたわ」等々、と気楽に入られた温泉でも効果があります。

どうもこれは、大きな浴槽で榊原温泉の肌の感触が、温泉効果となって満足され、ただそれだけではなく「非日常」も手伝っているのでしょう。

地元にいる私たちは「何もない榊原」と誰もが言っていました。

でも、先日も大阪から二家族で温泉に来られた方達をご案内させていただいたのですが、ま、散歩のお伴みたいです。

散歩を終えて、お泊まりの旅館にお送りしたとき、「片側に高い石積みの細い道がよかった」「右も左も田んぼの細い道」「途中通りかかった人が挨拶してくれました」など、私には気づかない満足感を味わっておられたようです。

まだ温泉にも浸かっておられないこの方達の感想を聞いていると、これらが全て榊原温泉の印象になるようです。

温泉は単に効能がよいからだけではなく、取り巻く環境が温泉を作り上げていくようです。

榊原温泉は湯の山温泉のように、風光明媚な渓谷でもないし、いわゆる温泉街といわれる通りもありません。

でも最近求められている「日本の原風景」、そんな里山に囲まれた農山村地です。この中には生活があり、温もりもあります。

榊原温泉では今「蛍灯（ほたるび）」のイベントが始まっていますが、蛍が飛び交う土曜日と日曜日の夜は、指定されたホタル観賞地に地元の人たちが出会って、誘導など案内をしています。

時期になればどこにでもいる蛍ですが、あの小さな蛍の灯も榊原温泉の思い出に刻んでもらえれば幸いですね。

スローな温泉浴を

私は温泉で産湯を浴びた。

と言っても、正確には井戸水を沸かしたぬるま湯のタライの中だったけど。

でもタライの次は温泉だったことは確かでした。なぜならわが家にはお風呂がなかった。そのころ榊原新温泉という日帰り温泉があったのです。現在の湯元榊原館の「湯の庄」の前身です。

タライ風呂が終わると、その新温泉がわが家の風呂だったのです。

源泉がそのままドクドクと大きな丸い浴槽に注がれています。

その湯口には真っ白な湯の花が揺らいでいます。海藻のように柔らかく、触るとばらばらに散らばります。

子供のころは、あらゆるものに興味があり、真っ白な海藻のような湯の花をよく崩したものでした。

また夏になると、榊原川で川遊びです。

河原にはところどころ白い湯の花が揺らいでいたり、露出した岩には白く乾いています。

湯の花があるところの水温は少し違うので、湧いていることがわかります。

冬の寒い朝などは、その場所からは湯気も上がっていました。

残念ながら最近ではそのような光景は見られなくなりました。

多分その後、昭和30年ごろから旅館の数も増え、自噴の温泉だけでは間に合わず、ボーリングによる温泉発掘が続いたため、湯の花ができる余裕もなくなったのでしょう。

でもあの優しく肌を包んでくれる感触は変わってないことと、匂いがまだかすかに残っています。

匂いは自噴してたころに比べると、うんと薄く、源泉の飲泉で少し感じるほどです。

昔、川から湧いていたころは、その辺りの板橋を渡っているときにも匂っていました。

こんなことを言うと、ずいぶん温泉が薄くなったように思われるけど、少し前に実施した榊原温泉を科学的に実証実験した結果では、場所の違う源泉による差はあるものの、薄くなったとは考えられません。

多分、頻繁にポンプで汲み上げるために湯の花ができるひまがない。もう少し湧くに任せておれば、たぶん昔のように真っ白い、ふさふさの湯の花が見られることでしょう。

近年何もかも早くなっているけど、もう少しゆっくりと、スローであればいいのにと思う昨今、という私も先が長くなく、何事も早くなっています。

ファストフードが人気がある中で、スローフードが見直されるように、入浴もシャワーだけでなく、とっぷりとお湯に浸かりたいもの。もちろん、榊原温泉で。

王朝時代の榊原温泉

秋は夕暮れ。
夕日のさして、山の端いと近くなりたるに、烏の、寝所へ行くとて、
三つ四つ、二つ三つなど、飛び急ぐさへ、あはれなり。
まいて、雁などのつらねたるが、いと小さく見ゆるは、いとをかし。
日入りはてて、風の音、虫の音など、はた、言ふべきにあらず。

これはご存じ、清少納言の『枕草子』冒頭の秋です。

この『枕草子』の第一段には春夏秋冬、それぞれ日本の四季が見事に表現されています。

でも日本の四季も高度経済成長期に生活が変わり、里の自然も変化してきました。

私たちが住む榊原は住宅団地が出来るわけでもなく、むしろ人口流出が心配されるこのごろで、小学校の生徒も三十人そこそこです。

自然はそのまま残り、人の生活範囲を示さなくなったので、鹿や猪がここも自分たちの生活の場と思って、屋敷の中までやってくるようになりました。

小鳥の声は四季それぞれ違い、ホトトギスのけたたましい鳴き声が聞こえなくなり、ツバメが去り、モズの高鳴きを聞くと秋を感じたり、そんな静かな山里にふさわしく温泉が湧くのが榊原です。

静かに里山を眺めていると時間もゆっくりと過ぎて、『枕草子』の世界になっていきます。

別れゆく　都の方の恋しきに　いざ結びみむ忘井の水

これは平安時代、斎王群行（さいおうぐんこう）に同行した官女甲斐の詠んだ歌です。この忘井を通った際、遠く都を離れはるばると伊勢の地に来て、望郷の念やみがたく涙とともにこの歌を詠じたといわれています。

忘井の場所は近鉄伊勢中川駅のすぐ近くで、地名も宮古（都）が付けられたと伝わります。

もしかすると同じ平安時代に清少納言が、榊原温泉ななくりの湯を使われたときに感じられた自然を、『枕草子』の冒頭に書かれたのかも知れませんね。

榊原温泉はもともと伊勢の地に天照大神を祀られた神宮へ向かうときに、身を清める湯垢離(ゆごり)で潔斎をする大切な湯であったそうです。

だからそこには湯をお守りする神、大己貴命(おおなむちのみこと)と少彦名命(すくなひこなのみこと)をお祀りになられました。

それが射山神社で、もともと湯山(ゆやま)が訛って射山になった説と、弓を射る、いわゆる湯浴み入るからなのか定かではありません。

古代から湧き大正時代に新温泉が湧くまでは、射山神社裏の湯壺が泉源で、現在は「湯元跡」と表示されています。

温泉の神さまの大己貴命は出雲の神様で、良縁の神様としてよく知られています。

そのおかげでしょうか、『枕草子』から後の和歌には「恋」をテーマにした榊原温泉（ななくりの湯）が数多く読まれており、恋の湯治場と好まれていたようです。

現在は射山神社に「恋こ槌」が置かれ、恋のパワースポットとしてお参りが多くなっています。

王朝時代の榊原温泉は今も残っていますよ。

第4章

榊原に伝わるむかし話

（執筆&挿絵・増田晋作）

餅が食べたかった山の神

昔から山里では田と同様に、山は日常の生活に欠かせないものでした。山を守り、山から私たちを守ってくれる山の神です。そして男神・女神の二神を祀るのは子孫繁栄の願いもあったのでしょう。

年に一度は山の神を山から里に呼び、里人と一緒に餅を食べ、新年を迎えよう。この地方独特の信仰です。

山の神さんにはこんな話があるのです。

十月は神無月です。これは全国の神様が出雲に集まり、神様の大会が催される。そのために出雲以外では神様が居なくなるんだそうです。

山から出たことがないという山の神ご夫婦は、初めての大会参加でおどろくことばかり。きらびやかな神殿。指先ほどの神や、天井に頭が届くほどの大きな神。会場正面には大鏡餅が飾られているけど、山の神さんは初めてみる鏡餅が不思議でならないのです。

大事な議事を済ませパーティーが始まると、気になっていた鏡餅が全員に振る舞われました。初めて食べる餅、ほっぺたが落ちそうだ。

山の神を里に呼ぶカギ曳き（撮影：増田晋作）

里人が供える団子しか食べたことがなかった山の神さんは、隣に居合わせた物知りそうな神に「餅はどうやって作るのだ？」と聞くと、「杵と臼で、餅米をよくつくのじゃ」という答えが返ってきました。

早速、山の神さんは厨房にあった杵と臼を失敬して、山に帰ってしまいました。山の神夫婦は昼夜を問わず、餅つきに精を出し、おいしい餅をたくさん作り続けたそうです。

そのことを知った出雲では、神の身でありながら盗みをするとは何事ぞと怒り、有無を言わさず山の神さんはふるさとの山に閉じこめられ、謹慎の身となってしまったのです。それを知った里人は、団子しか供えなかったことをわび、春（新年）になったら餅を供え、神さんを大きな鉤で山から出して、正月7日にみんなで新年を祝おうと、この行事が始まったと言うことでした。

大滝の大蛇

榊原の河内谷（こちだに）に大滝があります。

むかし萬造久兵衛さんが川の魚を捕って暮らしていた。ある日、久兵衛さんが大滝で魚を捕ろうと滝壷をのぞくと、水の中に鳥の毛を頭に付け、カンコ（鞨鼓太鼓）を胸にかけて踊る怪物がおった。

久兵衛さんはびっくりして、ハダシで逃げて帰らんしたげな。

（お話・崎一市さん）

これは大滝の主で、大蛇の化身と伝えられています。

この滝壷に石や木切れを投げ込むと、大蛇が怒って汚物を洗い流すために大雨を降らすと伝えられており、雨がほしい年には、村人が大滝に行って、みんなで石や木切れを投げ込み滝壷を汚してくるのです。

家に着くころには大雨が降ったといい、村ではこんな雨乞いが行われていました。

嫁落とし

権現山の山裾を通る通称ヨメオトシの道は、下村（現榊原第一区）と湯元（現榊原第三区）を結ぶ大切な道でした。

昔は大変な難所とされ、現在は新道が出来、廃道同然になっていますが、山側は岩が露出し、反対側はそそり立った崖です。

昔にな、嫁さんが牛の背に乗ってさ、この崖を越えやんすんや。通る人も恐いけど、牛も恐い。あかんあかんと言うとる間に嫁さんはまくれ（転落）やんしたんやて。

こんなことがときどきあって、「嫁落とし」の名が付いたそうです。

（お話・崎一市さん）

狸のマイバ

榊原のほぜがせに、おきせというおばあさんが住んでいました。その東隣には、おゆみさんというおばあさんが住んでいました。

晩秋の布引おろしが吹く夕方、おきせさんの戸口でおゆみさんが「おきせさん、おきせさん、マイバン貸しておくれんか」と呼ぶので、おきせさんは戸を開けてみると、おゆみさんはいない。

翌朝、おゆみさんにこのことを話すと、まったく知らないと言ってました。これはてっきり狸の仕業にちがいないと二人はあきれました。

夜になるとまた、その次の夜も「おきせさん、マイバン貸してくれんか」とやってきます。

狸は獣のかなしさに、人間の真似ができないのです。マイバ（はた織機で使う糸を巻き付ける竹製の器具）のことを、マイバンとしか言えなかったのです。

（お話・崎一市さん）

雪の降る夜は

雪の降る寒い夜は、ほったくの稲荷さんから向かいの稲荷さんへ通う狐が、くずやの低い軒下を「金が冷えるに古綿たもれ、スココンコン、スココンコン」と鳴いて通うた。

寒い北風がすがきの間を押し上げて、筵の間から身体を刺す。「お前も寒かろうがわしも寒い、古綿がようあろに。せんべい布団の足しもないのに、まん辛抱しゃあれ」。まっ暗がりの家の中から、狐に向かって独り言。

「お前が鳴くと、わしらもよけい寒いがや」

「スココンコン、スココンコン」狐の鳴き声が、向かいの稲荷さんに向かってだんだん遠くなる。

「今ごろ久保の橋を渡っとるじゃろうが…」

（お話・崎一市さん）

天狗のおどし

昔の奥山は大木がびっしりと生え、うなるほど茂っておった。

冬になると里人はこの茂った山に入って、夜となく昼となく炭を焼いていた。夜になっても窯（かま）に火が点かないと夜焚（よだき）をした。

すぐそばの高い木の枝ではギャーギャーホイホイと、いやらしい鳥の鳴き声がしている。

そんな晩にはよく天狗がやって来る。

まっ白い髭を長く垂らした白装束で、だまって夜焚の前に立ってなかなか帰らない。不気味とはこのことだろう。

そんなときにと用意をしておいた竹の輪を火にくべると、パンと爆ぜて天狗の高い鼻に飛びつく。「もういこ」とひと言残して天狗は闇に消えていく。

いつも炭焼き小屋には、天狗のおどしの竹の輪が掛けてあります。

（お話・崎一市さん）

つしのねずみ

むかしにのう、ねずみを可愛がっていた爺と婆がおってのう、それがまた貧しい暮らししてたんや。なあに、自分らの喰いもんがのうても、つし（屋根裏の物置）のねず公にはちゃんとやらしゃる。それでのう、とうとう喰いもんがのうなって、もうここにおったのでは喰っていけけん。あした出て行くというと、ねずみは最後にソバを喰いたいというんじゃ。爺は大事にかこってあったソバをクルミ膳にのせて「ねず公や、たっしゃでのう」と、つしに置くと、爺と婆は最後のひもじい夜を過ごした。

そいで、翌朝家を出るとき、そっとつしを見ると、ゆんべのソバはすっかりのうなって、金ぴかの小判がクルミ膳いっぱい載せてあった。これで爺と婆はどこへも行かんでようなったどころか、おお金持ちになったそうな。ほんまに、よかったよかった。

（お話・崎一市さん）

肝だめし

安子のオシボラのさんまい（共同墓地）といえば、榊原一の力持ちといわれる大吾さんも大きなことはいえなかった。オシボラといえば、一つ目小僧が出ると言われる急な坂道を登って、人里はなれた寂しいところで、昔のさんまいにふさわしい場所でした。

夏の夜は例によって、地元の青年たちは肝だめしをします。竹で作った墓筒をオシボラのさんまいに供えてくる、ただそれだけのことですが、大吾さんの番になって墓筒を倒れないようにしっかり打ち込みました。

ホッとした大吾さんが立ち去ろうとすると、なにかが引っ張って進むことが出来ない。「出たか」と思って、体をさらに前に出そうとするがどうしても動けない。ほんとうに「出た」、とうとう大吾さんは大声で「助けてくれーッ」と救助を求めました。

みんなが集まってよく見ると、墓筒といっしょに大吾さんのフンドシの垂れまでしかり打ち込まれていました。

（お話・崎一市さん）

底ぬきゃた

昔、おかねばあさんが高座原の若林伝衛門という大庄屋へ、子守奉公に行ったときのことです。

正月が来て、みんなでお雑煮を食べました。おかねばあさんがおかわりをすると、男衆や女衆や大勢の人たちが「底ぬきゃた」というて、こけるほど笑いました。はたに座っていた奥さんが笑いながら、「おかねや、お雑煮は上にのった団子を食べて、底にある餅は団子で十分に腹をふくらげてから、しまいに食べるものじゃぞ」と、お餅を底に残したままおかわりをすることを教えてくれたので、はじめて「底ぬきゃた」の意味がわかりました。

昔はのう、こんな大庄屋の正月でもお雑煮の餅は腹いっぱい喰わんだのじゃ、と、正月が来ると、雑煮をほおばる孫たちに語っていました。

（お話・崎一市さんの正月の思い出話）

杵を盗んだ山の神

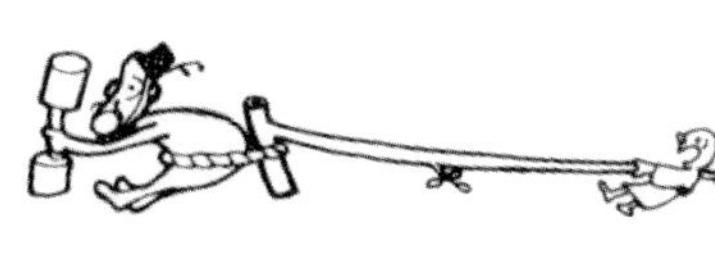

毎年十月には出雲に八百万の神々が集まって、神様の定期大会が開かれます。

山の中でいつもお団子しか供えてもらえなかった山の神さんが、その大会に初出席しました。出されたお餅は初めての山の神さん、「こんなうまいものがあったのか、うちでも餅を作ろう」と思い、悪いとは承知で自分は杵、かみさんに臼をもたせ、一足先に帰って山の神夫婦はセッセと餅を突きました。しかし、神様はすべてお見通しです。

出雲では「神の身で盗みをするとは何ごとぞ」と、お怒りになり、山の神さんは山に閉じ込められ謹慎の身となりました。

そのことを知った里人は「わしらが餅を食わさんだので、えらいことになった」と、七日正月を山の神さんの正月として、みんなで山の神さんを山から出して餅を焼いて食べよう。こんなことが毎年1月7日の早朝、山の神講として今も続いています。

（お話・みんなが知っている）

木造の山の神

垣内の会合などで一人だけとび離れて座ると、「木造の山の神さんや」という言葉が使われたりします。

これは津市木造町の山の神一座が町から離れ、はるか青山峠あたりに鎮座していることから、そのように呼ばれるようになったそうです。

昔むかし、ある大名が「下にー、下にー」と、大勢の供を従え木造の山の神の前にさしかかったとき、あまりにも山の神が道にはみ出していたので「寄れしざれ」と山の神に厳命を下しました。

このとき山の神さんは、寄れしざれを「四里しざれ」と聞いて驚いて飛び去ったところが、四里（約一六キロメートル）離れた青山峠だったと言うことです。

（お話・崎一市さん）

湯始め

正月16日を「湯始め」とし、その日までは宮の湯を使わなかった。この行事はかなり古くから始まっていたようです。

湯始めは平生の本願寺（廃寺）に保管されている大般若経と、多くの仏画を長持に入れ射山神社に運び、護摩を焚いて僧侶らが転読をしました。この長持を担ぐと肩くさ（肩の腫れ物）が出来ないといい、担ぎ手が多く往き帰りの行列はにぎやかだったそうです。

この湯始めの行事が済むと、宮の湯の一般公開となり、村の人たちは初湯を浴びたといわれます。

しかし、明治になると神仏分離で神社での転読は出来なくなり、また本願寺の廃寺で大般若経は林性寺に移され、現在は七月に転読が行われています。また湯始めもなくなっています。

（お話・崎一市さん）

生きていた了庵さん

昔むかし、どじょ川の近くに了庵さんが住んでいましたが、ある日、家を出たきり幾日経っても帰ってきません。家の人も近所の人も、了庵さんは死んでしまったと思って諦めました。

さて、その了庵さん、笠取山の佛ヶ谷にある岩穴に立て籠もり、オノを杖にして行をしていましたが、いつの日かそのオノの柄がポキッと折れ、ハッと気がつくとどこからともなく、音楽の調べとともに「この木で阿弥陀様を作りなされ」という声が聞こえ、見ると足元に一本の木が転がっていました。

了庵さんはその木を持って家に帰ると、家では亡くなったことになっており、自分の三回忌の最中でした。お互いにびっくりしたのは言うまでもありません。了庵さんは謝って京都に行き、阿弥陀像を刻んでもらい、善福寺を開基したと言うことです。

（お話・高沼秀演さん）

花かけ良いところ

花かけは、むかし殿さんの花積み場で、お城からこっちを見ると、ここら一帯に花が咲き乱れとったそうじゃ。そいで花かけと名が付いたと、よう聞かされましたわ。

この花かけはええとこでな、昔から火事ちゅうもんはなかった。それは火ぃ消す水もないし、ポンプも入ってこんやろ。そやで花かけの人らは、ここでは火事おこさんようにと言うてますんや。それでもナ、あるとき西谷から大水がどっと出たとき、下の道にあった石の大日さんが流されそうになりましたんやわ。それを見た二人の男の人が、なっとかせんとあかんと、持てそうにもない石の大日さんに手ぇかけたら、自分からひょいと上がらんしたんや。それからは大日さんをもっと大事にせなあかんと、花かけの会所へなお（座）らせてありますんや。花かけは日当たりもええし、みんなええ人ばかりですわ。

（お話・岡山みつえさん）

サンザエモンさんとタヌキ

むかしは、朝星夜星（朝早くから夜遅くまで）で野良仕事をしていました。

ある日、サンザエモンさんが木地山で沼田打ちをしていたら、雨が降ってきました。サンザエモンさんは近くの炭小屋で雨宿りをしながら、雨の止むのを待っていました。すると蓑笠をつけた見慣れない人が下りてくる。ピチャピチャと歩くその人のお尻を見ると、なんとシッポが生えている。サンザエモンさんは鍬を振り上げ、「わりゃー、その蓑笠を置いてけーッ」と追いかけると、化けていたタヌキはいなくなり、蓑笠だけが残されていました。

サンザエモンさんはその蓑笠を着けて雨の道を家に帰ると、びっしょり濡れているサンザエモンさんを見て、家の人が「なんで葉っぱ一枚頭に載せて、雨の中帰ったんや」と、家の人は不思議がったそうです。

（お話・大原一子さん）

奥が谷の天狗

エボシ岩からドンガメ岩をひとまたぎして楽しんでいた、奥が谷の天狗のお話です。
ある日、一の坂のトモ爺さんがドンガメ岩で草刈りをしていると、天狗が「明日は娘の嫁入りだ、来るでないぞ」といいました。天狗の嫁入りともなれば、トモ爺さんでなくても一度は見たいものです。

翌朝、トモ爺さんは約束を破ってドンガメ岩まで来てしまいました。いつものように草刈りをしながら待っていたけど、なかなか花嫁は現れず「これが天狗晴れちゅうもんじゃろか、ムニャムニャ…」

夕方になって目をさましたトモ爺さんは、自分が谷底にほうり落とされているのに気がついて、「おしいことをした」と、とぼとぼと家に帰ったそうです。

（お話・前川勇三郎さん）

水浴びをしていた明神さま

昔、ボウ、ナガダン、シモカジヤの子供たちは、野崎の明神さまの前の川で水浴びをしていました。

ある日、川遊びをしていた子供らが「明神さんってどんな人やろ、連れて行こに」と言い出して、明神さんをのぞくと、ひとかたまりの石ころでした。子供らは「なんや、明神さんて石のかたまりかえ」と言いながら川まで運び、「明神さんも水浴びさんせ」とみんなで水を掛けて遊んでいました。そこへナガダンのチュウさんが通りかかり、チュウさんはそれが御神体と知ると、顔を真っ青にして、「おまえら何さらすんや、バチあたるぞ」といって、元の場所に戻しました。

その晩、チュウさんは腹痛を起こしました。それは明神さまが子供らと水浴びを楽しんでいたのに、チュウさんが邪魔をしたので明神さまが怒らんしたんやて。

（お話・山川盛一郎さん）

とうちゃん気ぃつけてナ

昔はなあ、柴やわりき（薪）積んで、津の町へ売りにったもんや。

榊原は坂道が多うてなあ、津に行くのにナガサカとビワガケを登らんならんのや。

ナガサカは今でも長い坂やけど、郡役所が工事するまでは曲りくねった急な坂やった。そいでビワガケは河原まで下りて、大水が出ると流される板橋を渡り、一気に登るのやで、家から押し役がフキャゲまで見送ったもんや。

押し役はほっぺたを真っ赤にして、「とうちゃん気ぃつけてナ」と手を振ると、とおちゃんは「毛糸こうてきたるでナ」と、カリンカリンと砂利をはじきながら、まだ夜が明け切らぬ闇に消えていく。

これがワシらの、若いころの冬の朝の風物でしたわ。


（お話・隣村の久世一男さん）

伝説＊神ノ木が茂る榊原

大和国にある都から神宮は遠く、神宮の近くに斎宮を置き、斎王が天皇の代わりに伊勢神宮に仕えました。斎宮(さいくう)とは斎王の住居と斎王に仕えた役人、女官らがいる斎宮寮とで構成されています。

斎王は天皇が即位すると、卜定(ぼくじょう)（亀の甲羅や動物の骨などを使った占によって選出）によって未婚の内親王（天皇の皇女）から選ばれ、天皇の代わりに伊勢神宮に仕えたのです。継体天皇が即位されたのは１５００年ほど昔、西暦５０７年で、当然斎王も交代します。継体天皇の皇女、荳角媛（ササゲヒメ）が斎王になられ、斎宮に向かわれました。

都から伊勢の神宮への道は、ヤマトタケルも通っている笠取山越えで伊勢に入るのです。荳角媛も「ああ、ここが伊勢の入り口でごじゃるかえ」と、カリキドで足を止められ榊が群生するつやつやした葉をなでながら「これが神の木なのじゃ」とお即きの人たちに教えられていました。

さらに道を下り、「ななくりの湯」にお着きになり、神宮に向かわれるときの慣わしとしての湯垢離をされました。

さてそれから…

斎宮では神宮に使う榊がない。

あってもカリキドや湯垢離をした辺りに自生する榊は見つかりません。

そこで斎王に仕える役人の物部伊勢小田連（もののべいせおだむらじ）に使いを出させ、この土地まで榊を採集に来られました。

持てるだけたくさん榊の枝を取り、それを射山神社境内にある湧き水に一夜浸して、翌朝神宮に向かいました。

その湧き水は榊を長持ちさせることで、榊の井「長命水」と名付けられたそうです。

荳角媛はたいへん満足され、それ以来毎年この地で榊を調達されてきました。

古い昔は土地の地名もなく、ただ「ななくり」と呼んでいました。それが斎宮や神宮では「榊が原」と呼んでいたようで、いつの間にかこの土地の地名が「榊原」になったというお話。

神ノ木が茂る榊原、いい村の名ですね。

伝説＊あの山は笠取じゃ

ヤマトタケルは熊襲（くまそ）征伐に続き、東国の平定（へいてい）（敵や賊を討ち平らげる）に向かうことになりました。

タケルは休む間もなく父の命を受け、東征の出発にでました。戦の前には伊勢にいる叔母のヤマトヒメに会いに行きます。そして神宮に向かうときは慣わし通り、布引の山を越え「カリキド」で伊勢に入り、「ななくりの湯」で湯垢離をするのです。湯垢離とは禊（みそぎ）のことで、温泉で禊をすることを湯垢離というのです。

熊襲を征伐したほどのヤマトタケルとて敵がいるはずもない布引山で、伊勢の海を望みながら笠の紐を緩め、ほっと汗をぬぐっていた一瞬の隙を突かれたのです。

西から吹き上げる風に、かぶっていた笠を吹き飛ばされたのです。あっという間に笠は山中に消えていきました。

笠を取られたヤマトタケルは布引山を下り、集落に出ました。

カリキド地蔵堂の広場でたき火をしていた地元の人たちに出会い、

「やあ皆の衆、ここは伊勢じゃのう」と声をかけると、

『ここはカリキドやぞえ』

「そうじゃったのう、仮の木戸、伊勢の入り口じゃ」

「ちょっと休ませてもらうぞ」と、火の回りに座り込むと、

『どっからおいなしたんや』と聞かれ、

「ヤマトじゃ、ずーっと西の方じゃ」

『そんに遠いとっから笠もかぶらんとござったんかいな』

「かぶっとったさ、でも山の上で取られたんじゃ」

『奥山には天狗さんがござるからのう』

「そうでないんじゃ、風じゃ、風」

『風と斬り合いでもさんしたんかいな』

「いや、恥ずかしい話じゃが、笠の紐を緩めたとたん、風がぴゅーと吹いて笠を取られてしもうたんじゃ。あの山は笠取じゃ」

それから布引山の北側の山を「笠取山」と呼ぶようになったそうです。

タケルはカリキドの地蔵堂から一里半ほど下ったところに湧く、「ななくりの湯（榊原温泉）」で湯垢離をして、伊勢神宮に向かわれました。

第5章

「温泉大明神」として慕われてきた射山神社

（執筆・増田晋作）

1. 式内 射山神社（いやまじんじゃ） 温泉の神さまをお祀りする

延喜式神名帳に列せられる神社で、祭神は大己貴命（おおなむちのみこと）と少彦名命（すくなひこなのみこと）の温泉の神二柱を含む、十九柱の神が祀られています。

湯ごり…伊勢に神宮が祀られるようになって、都人の参拝にはこの地で身を清めるために湯垢離（ゆごり）をしたのが、ななくりの湯（榊原温泉）でした。

湯治場…この地で誕生した榊原氏はこの神社を守護神とし天文19（1550）年に社殿を再興し、天正16年（1588）には射山神社を「温泉大明神」としてその一角に取り入れ、わが国最大級と言われる湯治場を作りました。その後、津藤堂藩が引き継いで湯治場の管理をしてきました。

恋の明神…主祭神の大己貴命は縁結びの神で知られる大國主命です。この世にお姿を現されたのが大黒さまで、射山神社は古来から良縁の明神と慕われてきました。境内に大黒像が鎮座されると、良縁を求める参拝者が後を絶えず大黒様の持つ小槌を「恋こ槌」と呼ばれています。

主な祭典・神事

歳旦祭	一月　一日
御湯祭　みゆ	二月十一日
献枝祭	二月十二日
春祭	三月十五日
大祭　秋祭	十月体育の日
新嘗祭	十一月二十三日

御神木…一位樫(イチイガシ)は推定樹齢５００年とされています。榊原信濃守興経によって境内が整備されたときこの一位樫は伐採されずに神木として残されてきました。春には開花して、秋にはドングリが雹(ひょう)のように境内に降り注ぎます。

《芭蕉とのご縁》

奥の細道の旅を終えられた芭蕉さんは度々榊原温泉にも来られたようです。明治27年9月出版の温泉会所発行の『榊原温泉来由記全』によると、湯治場にある観音堂境内に老樹「糸桜」があり、樹下に芭蕉翁反古塚があって、口伝として「翁が生存中長くこの地に遊び俳諧の反古を積んで山をなし、後に弟子たちがその反古を埋め塚とした」と記されています。

そして糸桜の句

葉桜に袴の裾もぬれにけり　　はせを

も残されています。

2. 射山神社舊祠の地

式内射山神社舊祠之地

（裏）式内射山神社
元此霊域ニ鎮座シ給ヒテ
天正十六年三月十五日麓ノ生地へ
遷座三百五十周年ヲ迎へ榊原
昭和十二年三月十五日
青年團建之

霊域であるこの地、貝石山は、古くは「湯ノ山」「湯山」であって麓に湧く温泉の山であった。地元の人たちの訛りで「ゆ」を「い」と発音することから「ゆやま」が

射山神社舊祠（撮影・増田晋作）

「いやま」になったのであろう。

延喜式（九二七年）神名帳にはすでに「射山神社」と記載されている。この当時は現在の神社境内に祠があって、その祠を拝むことで背後の射山（貝石山）を拝んでいたと考えられる。

この地で誕生した榊原氏は大中臣として神宮の神官、現在の祭主を司っていた。神社に残る棟札に初代榊原城主信濃守興経とその子氏経に大中臣の肩書きが見られる。興経は都からの神宮参拝の便を図ろうと、湯垢離（温泉での禊）の地に温泉会所を作った。

温泉湧く現在の湯元跡の背後に、榊原氏が社殿を建てたのは天文十九年（一五五〇）。そして天正十六年（一五八八）にそれを温泉大明神と位置づけ、温泉会所には湯の神を取り込んだ、我が国最大級の温泉施設を作った。このために聖域を現在地に遷したのだろう。

大己貴命と少彦名命の温泉の神を祀る射山神社は、明治の一村一社で村内の神社を合祀し、村社と位置づけされた。現在温泉の神を主祭神に十九柱の神が祀られている。

平成二十八年吉日

式内射山神社　第十五代宮司　宮口重明

3. 射山神社旧本殿の御鏡裏書き

申し上げるのも畏れ多いことだが今回公命により一志郡榊原村々社 射山神社の境内社には天照皇大神社、熊野神社、武毘男神社、愛宕神社がありさらに大字谷杣村社白山比咩神社、無格社風神社、仝市杵島神社、仝八幡神社、大字榊原無格社、伊豆神社、仝秋葉神社、仝愛宕神社、仝八幡大神社、仝住吉神社、仝愛宕神社、仝春日神社、仝愛宕神社、仝熊野神社、仝宇氣比神社、仝諏訪神社を村社射山神社に合祀。明治四十三年（1910）七月吉日に神座を奉遷。この事を永世に伝聞のため御鏡を奉納する。

社　掌　　　宮口右近
村長勲七等　増田茂一
御造営委員　山川菊之助
萩野米次郎
前田源蔵
川原田亀次郎
川原田新之助
坂口紋次
伊藤徳次郎
玉井佐兵衛
小瀬古彦藏
川本利右衛門
戸島伊之助

御鏡裏書き（撮影・増田晋作）

山川亀吉
川原田惣次
長谷川幾太郎
川合兼次郎
中尾哲郎

4. 式内射山神社の宮司

天文19（1550）年、榊原信濃守興経により再興された式内射山神社に初めて宮司が置かれたようです。

宮司宮口家の系譜より、

室町時代　天文19（1550）年
初代　祢宜　源　為家
俗称　左衛門

安土桃山時代　天正5（1578）年
2代　祢宜　源　為豊
俗称　平次

江戸時代　享保10（1725）年
3代　祢宜　源　為之
俗称　文次

江戸時代　元文3（1738）年
同　明和元（1764）年
4代　社司　源　為久
俗称　左内

江戸時代　安永元（1772）年
5代　祢宜　源　為行
俗称　石見

江戸時代　寛政3（1791）年
6代　社司　源　重久
俗称　嘉門

江戸時代　寛政12（1800）年
7代　社司　源　直格
俗称　後右内

江戸時代　享和3（1803）年
8代　祠官　源　為重
俗称　長門

江戸時代　嘉永3（1850）年
9代　社司　源　為格
俗称　主水

江戸時代　嘉永6（1853）年
10代　祠掌　源　重豊
俗称　右内

江戸時代　安政5（1858）年
11代　祠官　源　重行
俗称　石見

明治時代　明治23（1890）年
12代　社掌　宮口　右近

大正時代　大正14（1925）年
昭和時代　昭和元（1926）年
13代　社掌　宮口　重成

昭和時代　昭和8（1933）年
14代　宮司　宮口　為明

昭和時代　昭和45（1970）年
15代　宮司　宮口　重明

第6章

元祖「日本三名泉」榊原温泉
～温泉と禊の深い関係

（執筆・松田忠徳）

三重県の県庁所在地、津市や津市榊原地区など、地元の人びとをのぞいて、第6章「元祖『日本三名泉』榊原温泉～温泉と禊の深い関係」とのタイトルに驚かれた方も少なくないでしょう。〝元祖「日本三名泉」〟は私の造語ですが、じつはこの言葉をこれまで新聞や雑誌でも使用したことはなく、本書が最初です。かつての「ななくりの湯」こと榊原温泉は、元祖「日本三名泉」なのです。

草津温泉街の中心に湧く名物「湯畑」（撮影：松田忠徳）

現在、「日本三名泉は？」と問われて即答できる人は、相当の温泉通に違いありません。〝温泉大国・日本〟においても、「日本三名泉」という言葉は、人口に膾炙（かいしゃ）するとは言い難いからです。「日本三名泉」とは有馬温泉、草津温泉、下呂温泉を指しますが、これらの温泉地ではPRのために使用している程度です。

日本三名泉のもっとも古い文献は万里集九（ばんりしゅうく）（1428～没年不詳）の詩文集『梅花無尽蔵』（1506年の成立と言われる）に、「本邦六十余州、毎州有霊湯、其最者下野之草津、津陽之有馬、飛州之湯島三処也」と記されています。「飛州之湯島」は現在の岐阜県下呂温泉のことです。

万里集九は室町時代の京都五山相国寺の禅僧で、歌人でもありました。布教のため諸国を行脚していたのですが、『梅花無尽蔵』はその際に書かれた漢詩文集の東国紀行記です。

実際に「日本三名泉」の名を世に知らしめたのは、江戸時代初期の高名な朱子学派儒学者、林羅山（１５８３〜１６５７）でした。京都生まれの林羅山は、和漢の博識をもって、23歳の若さで徳川家康のブレーンに抜擢され、家康以降も秀忠、家光、家綱に至る４代の将軍に仕えた人物でしたから、本格的な〝温泉（湯治）ブーム〟が起きた江戸時代の人びとに大きな影響を与えただろうことは間違いないでしょう。

林羅山の『詩文集』巻第３に「我國諸州多有温泉　其最著者　摂津之有間下野之草津　飛騨之湯嶋是三處也」とあり、万里集九の説を踏襲し、有馬、草津、下呂を三名泉としています。羅山は学問の他にも、紀行文を著すなど多彩な才能を示していたのですが、温泉に対する関心もその一連のものであったと思われます。

しかし、万里集九や江戸時代の林羅山よりも遥か昔に「日本三名泉」を唱えたわが国の歴史上、文学史上にその名を深く刻んだ女性がいたのです。有名な『枕草子』の作者、清少納言（９６６〜１０２５年頃）です。平安時代の和歌の名人〝三十六歌仙〟のひとり清原元輔（きよはらもとすけ）の娘として生まれた、平安時代中期の作家、歌人です。清少納言が書いた平安時代を代表する文学『枕草子』の成立は、1001年頃と言われています。万里集九や林羅山の頃より、はるかに時代を遡（さかのぼ）ります。

「湯は、ななくりの湯。有馬の湯。玉造の湯」――。ななくりの湯（現在の榊原温泉）、有馬温泉、玉造温泉。これがわが国最初の「日本三名泉」、すなわち元祖「日本三名泉」ということになります。

1. なぜ清少納言は『枕草子』の温泉の条で、榊原温泉の名を真っ先にあげたのか？

紀貫之をはじめ平安時代の古典文学を読むと、当時上流階級の間で温泉がかなりの関心事であったことが推測できます。「わが国の歴史のなかで、最初の〝温泉ブーム〟は平安時代であった」と、私は考えています。平安朝といえば、『枕草子』の清少納言や『源氏物語』の紫式部など、王朝文学の才媛が活躍した華やかな時代。「かの才媛たちは、どこの温泉がお気に入りだったのだろうか？」などと、想像してみたくもなります。

のどかな田園風景のなかを、湯の瀬川（榊原川）が流れています。河畔を中心に10軒近くの温泉旅館、民宿、入浴施設などが散在する榊原温泉です。そのなかに、思わず「えっ⁈」と声を上げたくなる大きな宿があります。「旅館　清少納言」——。

春はあけぼの。やうやう白くなりゆく山ぎは……

玉造温泉の老舗「長楽園」の大露天風呂
（撮影：松田忠徳）

有馬温泉の外湯「金の湯」
（撮影：松田忠徳）

日常の「をかし」の美世界を、その感性と知性で存分に描いた清少納言の随筆『枕草子』です。

『枕草子』は平安時代から原本一冊が今日まで伝わってきたのではなく、いろいろな書写が作られてきました。なかでも有名なのは能因本3巻本、前田家本、堺本。主にこれらを基におびただしい数の写本、注釈類が作られてきました。

能因本の第117段に、温泉の条（くだり）があります。

　湯は、ななくりの湯。有馬の湯。玉造の湯。

「有馬の湯」は、もちろん現在の兵庫県神戸市の有馬温泉。「玉造の湯」は、島根県松江市の玉造温泉を思い浮かべる人が大半でしょう。都から比較的近く、しかも奈良時代の733年頃に成立したと言われる『出雲国風土記』にも詳しく出てくる、わが国最古の温泉のひとつに数えられる名湯だからです。

ところが従来の国文学者の解釈では、宮城県大崎市の鳴子温泉だとされてきました。鳴子は、かつては玉造温泉と呼ばれていたのです。水晶が産出される土地として、都にも知られていたに違いありません。玉類の産地と言えば島根県の玉造温泉はもっと有名でしたが——。

ただ島根県の玉造温泉は、先にもふれたように７３３年頃に成立したと言われる『出雲国風土記』にも出てくる、わが国の「温泉史」においても由緒正しき温泉であることを、国文学者はよく理解していなかったが故の誤解であったと思われます。

この機会に、わが国の温泉史や「神道と温泉」の密接な関係に対する理解不足、誤解などから、これまで間違えた解釈が成り立ってきたことを、温泉文化論の立場から指摘しておくことにします。清少納言が真っ先にあげた「ななくりの湯」こと、現在の榊原温泉についても同様で、このことに関しては後にふれます。

天皇が御神体を清められる水を「斎川水（ゆかわみず）」と言います。「斎（ゆ）」はもともと身を清くする意の「清」からきていて、身を清める神事の意です。

また斎は「湯」と同音で、禊（みそぎ）には冷水だけでなく、温泉や沸かした湯も使われていたことがここから識ることができます。ユネスコの世界文化遺産に登録された紀伊半島の熊野に湯煙を上げる、わが国最古の古湯とも伝わる湯の峰温泉（和歌山県）や湯川温泉（同）での「湯垢離」は、特に鎌倉時代ころからよく知られていたようです。湯垢離とは、お湯で心身を清める神事で、禊です。

ちなみに世界文化遺産熊野古道の大辺路に湧く湯川温泉は、全国的にはあまり知られていませんが、第22代清寧天皇（在位４８０〜４８４年）が熊野行幸の折りに発見されたと伝えられており、湯の峰温泉同様に大変な古湯ということになります。

平安後期の歌集『永久百首』（１１１６年）に、俊頼朝臣の歌として、ここで湯垢離をとったことを伝える一首が収められています。

みくまのゝ湯垢離のまつをさす棹のひろひ行くらんかくていとなし

温泉が上代人に重んじられたのは、そこが禊の場所であったからだけではありません。奈良時代にまとめられた各地の『風土記』は、地誌というよりは貴重な生活誌と言ってもいいような多彩な記録の宝庫でした。その代表的な風土記が、完成度がもっとも高いと評価されている『出雲国風土記』でしょう。島根県の玉造温泉のことが次のように記されています。

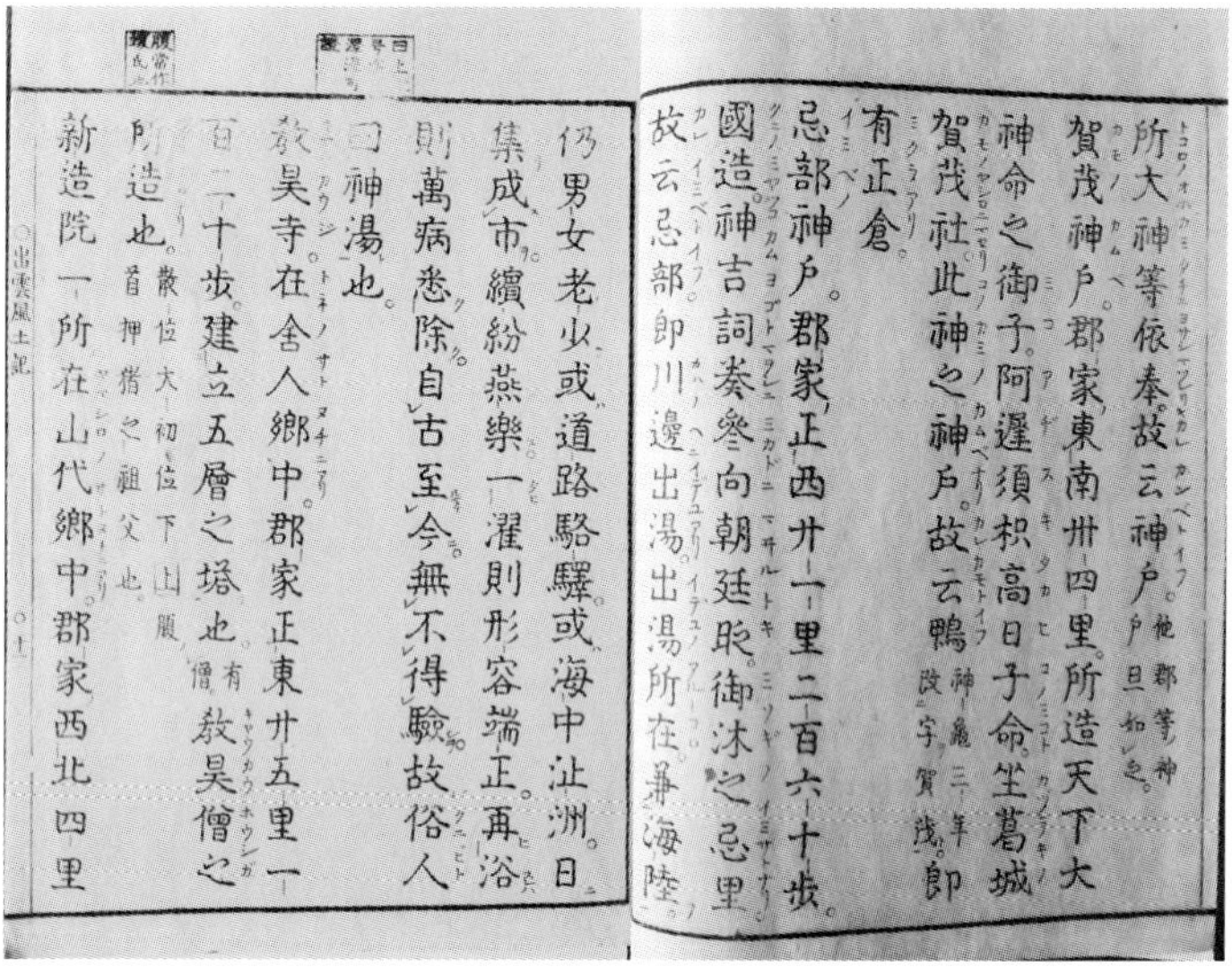

『出雲国風土記』（現存する江戸期時代の版）。松田忠徳・所蔵。

即ち川の辺（ほとり）に湯を出（いだ）す。出湯（いでゆ）の在る所は、海陸（うみくが）を兼ねたり。仍（よ）りて男も女も、老いたるも少（わか）きも、或（あ）るは道路（くがぢ）を駱駅（ゆきか）ひ、或（あ）るは海中（うみぢ）を洲（はまべ）に沿ひ、日（ひび）に集（つど）ひて市（いち）を成し、繽紛燕楽（うちみだれてうたげあそ）ぶ。一（ひと）たび濯（すす）げば形容（かたち）端正（きらきら）しく、再び浴（ゆあみ）すれば、万（よろず）の病（やまひ）悉（ことごと）に除（のぞ）こる。古（いにしえ）より今に至るまで、験（しるし）を得ずといふことなし。故（かれ）、俗人（くにびと）、神湯（かみのゆ）と曰（い）ふなり。

（現代語訳：川辺に温泉が湧いている。この温泉の出る所はちょうど海陸の景勝を兼ねた所で、男も女も老人も若者も、あるいは道路を往復し、あるいは海上を浜辺に沿って行き、毎日のように集まって市場のような賑わいをなし、入りみだれて酒宴を楽しんだりしている。そしてこの湯で一度洗えば容貌も美しくなり、重ねて洗えば万病すべて治癒してしまう。昔から今まで例外なく効験を得ているので、世人はこれを神の湯と言っているのである。加藤義成『修訂出雲国風土記参究』より）

天平年間、上代人は温泉で湯垢離（禊）をし、心身の穢れを清めただけなく、温泉で病が治癒することも知っていたのです。そこに新たな信仰心が芽生え、人びとが〝神の湯〟と呼んで敬ったとしても何ら不思議はなかったでしょう。

2. 万病に効くと言われた古い時代から、今でも温泉は日本人の癒やしの象徴 ～『出雲国風土記』の温泉

日本人にとって原始、温泉とはそのような存在でした。その血が今日まで脈々と流れ継がれてきたのです。それを「日本人の温泉ＤＮＡ」と称してもいいでしょう。

『出雲国風土記』の後半で、別の温泉についてもこう記されています。

即ち川辺に薬湯あり。一たび浴すれば則ち身体穆平ぎ、再び濯げば則ち万の病消除る。男も女も、老いたるも少きも、昼夜息まず、駱駅往来ひて、験を得ずといふことなし。故、俗人、号けて薬湯と云ふ。

（現代語訳：（漆仁川の）川辺に薬湯と呼ばれる温泉がある。この湯に一度浸かればたちどころに身体がやわらぎ、重ねてこの湯で洗いすすげば、すべての病気がみな平癒する。そこで男も女も老人も少年も、昼夜を分かたず引き続いてこの湯に往来し、その効験を得ない者はない。それ故、世人はこの温泉を薬湯と言っている。同前）

この「薬湯」は現在の島根県雲南市の出雲湯村温泉を指します。ちなみに『出雲国風土記』には薬湯（出雲湯村温泉）は「漆仁川の川辺」に湧くと記されていますが、正式には斐伊川の本流で、当時出雲湯村温泉の辺りだけを漆仁川と呼んでいたようです。

なお『出雲国風土記』にはもう一か所、同じく雲南市の海潮温泉も出ており、併せて3か所の温泉が神話や伝承の類いではなく、具体的な記述で登場します。わが国のほとんどの温泉には大己貴命（オオナムチノミコト）と少彦名命（スクナヒコナノミコト）の伝説がつきものです。この二神は温泉の神々だからです。ところが興味深いことに、この二神は出雲系の神であるにもかかわらず、出雲の温泉にまつわる記述には出てこないのです。それだけに『出雲国風土記』は、出雲の人びとの生活のなかに、温泉が現実的な存在として強く結びついていることを教えてくれているとも言えます。

私たちの先人は１３００年も昔の天平年間に、すでに温泉の本質を語っていたのです。

出雲湯村温泉の野天風呂。『出雲国風土記』の時代と同じく斐伊川の川底から源泉が自然湧出している。（撮影・松田忠徳）

さすがに〝温泉大国・日本〟です。「病は気から」という言葉があります。現代医学、すなわち西洋医学がこれほど発達しても、医療は『出雲国風土記』が語るところの〝神の湯〟としての〝気〟を回復させる信仰心も欠かせないということを、現代の多くの日本人は気づいているに違いありません。

確かに令和の現在は、薬のなかった時代とは異なり、温泉は「万の病悉（ことごと）に除（のぞ）こる」ものとは言えないでしょう。ただ一方で、薬では癒やし難いストレス解消をはじめとする予防医学、あるいはがんこな慢性病などに対して、温泉が持つ役割を失ったのかと問われれば、即「イエス」とは言えないこともまた事実でしょう。一例として、三大都市圏に代表されるように、近年の都市近郊の温泉ブームの隆盛は目を見張るほどであることを指摘しておきましょう。「予防に勝る治療はないこと」を、現代人もうすうす気づいているのでしょう。

清少納言が『枕草子』にあげた玉造温泉が島根県のそれを指すと考えられる理由は、わが国の歴史的にも貴重な文献に登場するだけでなく、古代史の専門家たちからもっとも完成度の高いと評価されている風土記である『出雲国風土記』に、玉造の湯の効能の高さが記されていること。それにも増して、当時、出雲国を治めていた「国造（くにのみやつこ）」が新任の際の一連の神事において、二度の厳粛な潔斎を行うに際して、玉造川の「神湯」の出湯（いでゆ）で斎戒沐浴をするのが習わしであったため、玉造温泉が神湯と称されていたこと、等々があげられます。

この後者に関して、少し詳細に書き進めることにします。先に玉造温泉について、『出雲国風土記』に描かれた記述を「即ち川の辺（ほとり）に湯を出（いだ）す。出湯（いでゆ）の在る所は…」（144ページ）から紹介しましたが、その直前に次のような記述があります。

忌部神戸。郡家の正西二十一里二百六十歩なり。国造、神吉詞奏しに、朝廷に参向ふ時の御沐の忌玉作る。故、忌部と云ふ。

（現代語訳：忌部神戸の里庁は、意宇郡家から真西11・689キロメートルの所にある。出雲の国造が新任の際、神吉詞を奏上（「臣下が天子に申し上げる」こと）するため朝廷に参上するとき、禊祓をして天皇の康寿を祈るための清浄な玉を作る玉作氏は忌部氏の一族であるので忌部というのである。）

『出雲風土記抄』の記述や巻末の「道度」の条によると、出雲の国庁から現在の玉造温泉の湯町まで19里であるというから、さらに2里260歩、約1・532キロの地点、すなわち温泉街の先、玉作湯神社の近くに里庁があったと考えられます。

国造とは、諸国の宮つ子、すなわち国々にいる御家の子、朝廷の子を意味します。国造は諸国にあって、朝廷の直臣として祭事を司ることをその務めとしていましたが、古代においては祭政一致であったため政治も執り行っていました。

全国に126の国造があったと言われており、なかでも、出雲国造は天穂日命を祖として、11世の宇迦都久怒を国造に定められたと『国造本紀』にあります。

大化の改新によって、国造はもっぱら祭事を司ることになり、その力は急激に衰え、つ

「神の湯」が湧く現在の玉湯川（撮影・松田忠徳）

いには出雲、紀伊、阿蘇、尾張などが残るのみとなります。しかも奈良から平安時代にかけては、出雲国造のみが国造宣下の厳儀に与ることになっていました。

このように、玉造温泉が「神湯」と呼ばれていたのは、単にその効能が卓越していたせいばかりではなかったことがおわかりでしょう。『出雲国風土記』にあるように、玉造が「御沐の忌里」でもあったからでした。

出雲国造家に伝わる数々の儀式のなかでもっとも厳粛さを求められ、そのために厳しく修行を積んできたのが、〝潔斎〟でした。玉湯川（玉作川）に湧く神の湯で出雲国造は穢れを清めたのです。

『出雲国風土記』に出てくる「神吉詞」とは『延喜式』（平安時代中期に編纂された律令の施行細則をまとめた法典）によると、神賀詞・神寿辞のこと。「奏し」はこれを奏上すること。神吉詞は出雲国造新任の際、朝廷に参向して天皇の御前に奏上する賀詞（よごと）のことです。

国造新任の儀と神賀詞奏上の儀に際しては、3回も上京しなければならなかったと伝えられています。しかもこの間に、国造は厳粛な潔斎に励みました。その場が玉造温泉だったのです。

みそぎとは心身を聖水できよめ滌（そそ）ぐことです。日本人の多くが理解しているみそぎとは、冷たい水で罪や穢れを除くことでしょう。ところが出雲では湯が使われていました。

ただし正確には、出雲国造が神吉詞を奏上しに大和の朝廷へ参向の際の潔斎に最初に用いたのは、玉造の出湯（いでゆ）の水ではなく、仁多郡（にたのこおり）三澤郷（みざわのさと）の聖水でした。

江戸時代の松江藩主の御茶屋（別荘）跡の風呂遺構。３畳程の半地下の湯殿で、来待石の切石造り。「神の湯」を引いた湯口は２か所ある。（2007年撮影：松田忠徳）

3. 禊（みそぎ）のルーツを説き明かす。
『出雲国風土記』に記された伝説

古代人は清浄を尊び御祓（みそぎ）に重大な意味を認めていました。このことは『古事記』（712年）や『日本書紀』（720年）における檍原（あはぎはら）の禊祓（みそぎ）の神話や大祓の祝詞（のりと）などからも知ることができます。

『出雲国風土記』における御沐（みそぎ）は先にふれたように、水滌（みそそ）ぎ、つまり「水滌（みそぎ）」。聖水で穢（けが）れを清めることでした。国造は新任の儀の後、その翌年と翌々年の2度にわたる国造の神賀（かむよ）詞奏上（ごとそうじょう）の2年の間、潔斎（けっさい）、つまり御沐を厳粛に行わなければならなかったのです。その際の最初の御水は『出雲国風土記』に、仁多郡三澤郷（にたのほりみざはのさと）の泉の聖水を用いたと記されています。

『出雲国風土記』のなかに三澤郷の伝承が出てきます。少し長くなりますが、現代語で書き出しておきます。

三澤郷の郷庁は、郡家の西南13・364キロの所にある。昔、大穴持命（おおあなもちのみこと）の御子神である阿遅須伎日子命（あぢすきたかひこのみこと）は、御髭（ひげ）が八握（つか）みの長さに伸びる年齢になられるまで、夜となく昼となくお泣きになって、その上お言葉が通じなかった。そのとき、御親神はこの御子神を舟に乗せて、多くの島々をお連れ廻りになってお慰めなさったけれども、それでもなおお泣き止（や）まれなかった。そこで大穴持神は、夢に祈願されて仰せられるには、「どうかわが御子は何故に泣くのかを夢の中で御教えて下さい」と夢に祈られた。

　ところがその夜、夢の中で御子神が言葉が通じるようになられたと見られた。大神は夢から醒められて御子神に言葉をかけられると、そのとき初めて『三澤（みざは）』と仰せられた。そこで大神が、「何所を、御澤（みざは）というのか？」とお問いになると、すぐに親神の御前に立って出られ、石の多い川を渡り、坂を上った所で止まられて、「此所です」と申された。そしてそこに津々と湧き出ている泉の水沼で水を浴び身体を滌（すす）ぎになり、もろもろの罪穢（つみけがれ）を祓われたので、すっかり健康な御身になられた。

　このような故事によって、今でも出雲国造が新任の際、天皇の御治世を祝福する神賀詞を奏上するために上京するときは、この水たまりの水を持ち出して身禊（みそぎ）初めの水として用いることになっているのである。

聾唖（ろうあ）児伝説です。国造の斎（い）きまつる大穴持命の御子が聖水で沐浴（もくよく）し、潔斎（けっさい）することによって治癒したため、国造の身禊初めの水として用いられることになったのです。出雲ではこの種の伝説がよく出てきます。

ここで「御澤」を「三澤」としたのはともに「み」なので簡明な字体をとったと思われます。『古事記』や『日本書紀』によると、「水の湧き出る所」を「みつは」「みづは」などと言うところから、「三澤」は「みづは」の借字と考えられるというのが、『出雲国風土記』の研究者、加藤義成の見解です（『修訂出雲国風土記参究』）。

一方、玉湯川（玉作川）に湧き出る温泉（玉造温泉）は御沐の忌里（いみさと）であるとされていました。いま見たように出雲国造が神賀詞奏上の潔斎に際して最初に用いた水は玉造の出湯ではなく、仁多郡三澤郷の聖水でした。『古代の出雲』などの優れた著書を数多く遺された歴史家の水野祐博士は、わざわざ三澤郷の山深い僻地まで足を運んで潔斎を行なったとは考えにくいとして、次のように述べています。

> 「神賀詞奏上の一年間の厳粛な潔斎を行うときには、国造は玉作街の南方、忌部の里の出湯の斎場にて潔斎をし、そこに三澤の聖泉の水を運ばせたと考えられる」（『勾玉（まがたま）』）

その運搬ルートとして水野祐博士は、三澤郷から斐伊（ひい）川を利用して舟で運び、斐伊郷から陸路を通るコースをあげています。

「ここかしこの聖なる川に流れ出る、生命賦与者の若水を、身に沐浴みていよいよ若返り、滌ぎふる淀みの水をかぶり、いよいよ若返りますように」(『出雲国造神賀詞』)

神賀詞のことばにもあるように、聖水の水は若水であり、若やぐ霊力をもつと信じられていました。この聖水で沐浴することにより、罪穢が滌ぎ清められ、健全な肉体と精神がさずけられ、〝若返る〟と考えられたのです。

4. 古代から現代に至るまで日本人の心を離さない、温泉が持つ「若返り」のチカラ

禊は〝復活〟の信仰と密接に結びついていました。復活は〝若返り〟です。民俗学者で

あり、歌人、国語学者でもあった折口信夫は、この若返りを、『万葉集』では〝変若(おち)〟と言うと、『皇子誕生の物語』で述べています。

変若とは、「もとにかえること」「若返ること」を意味する言葉です。

出雲国造が神賀詞奏上(かむよごとそうじょう)の際の潔斎に際して、最初に用いる聖水は、たびたびふれたように若水(わかみず)、若やぐ霊力をもつと言われていた三澤郷(みざはのさと)の泉から湧出するものでした。その聖水は現在でも斐伊川本流の南岸の丘陵に渇れることなく湧き続けています。

さて、玉造温泉にもどります。玉造の湯が禊ぎに用いられていたことはすでに述べたとおりです。それは、温泉の神である大国主名命(おおくにぬしのなのみこと)の本拠が出雲であることの反映でもありました。

確かに出雲国造が玉造の出湯で潔斎浴をしていたのは、ここが国造の住居地に近かったことが第一番目の理由として考えられますが、温泉を潔斎浴として用いたのは、その霊験が神の湯としてふさわしかったため、と考えるのが筋でしょう。

すでに紹介したように、『出雲国風土記』の記述を読むと、私たちの先人は病気を治癒する温泉と娯楽のための温泉、まさに現代人と変わらない使い分けを1300年前の奈良時代に行っていたことが理解できます。

摩訶不思議（まかふしぎ）な温泉の誕生やその効能を考えると、古代の人びとが温泉を神と結びつけたとしても無理はなかったでしょう。大地から湧き出すおどろおどろしい熱湯に畏（おそ）れおののき、そこに宗教的な性格が付加されたとしても、何ら不思議はない。湯浴（ゆあ）みによって劇的に痛みが消えたり傷が治癒したり内臓の変調が整ったとき、温泉に対する信仰心が芽生え、「神の湯」と表現されたとしても、ごく自然のことだったでしょう。

聖水は若水だと述べました。温泉も古くから洋の東西を問わず「若返りの湯」として高く評価されていたことはよく知られています。現代科学では、還元系の湧水、温泉は細胞を活性化し、アンチエイジング（抗加齢）の機能を果たすと解説することが可能です。

老化とは細胞がサビる状態。つまり酸化されることですから、その対極にある還元系の水、温泉を浴びることは、科学的にも若返るわけです。

私たちの先人が考えてきた若返りは、これまで述べてきたようにもっぱら精神的なものでしたが、大地から湧出したばかりの新鮮な水、温泉は、科学的にも老化を防ぎます。特に温泉の抗酸化作用は優れていますので、「若返りの湯」との昔からの表現は優れて科学的ともいえます。このことに関しては、本書の第8章「入浴モニターによる実証実験から、榊原温泉の効能、その〝底力〟を解剖する」に詳しく解説しております。

かつては必ずしも温湯のみを「ゆ」と称したわけではありません。折口信夫によると、

江戸時代の「湯の峰温泉」の絵図（松田忠徳・所蔵）

「ゆ」と言うべきもののなかに「いづるゆ」あるいは「いでゆ」があり、神意によって偶然に現れて来るのが「いづ」で、その自然なる「ゆ」が、禊の水のもっとも神聖なるものと信じられていたといいます（『皇子誕生』）。

「出湯（いでゆ）」は温泉の古語です。温泉も聖水と同じように神聖なものと考えられていました。私は出雲地方ではまだ耳にしたことはないのですが、紀伊半島の熊野には「湯垢離（ゆごり）」と言うことばがあることはすでにふれました。海で潔斎する「潮垢離（しおごり）」と同様に、熊野三山詣での際に温泉で禊をしていました。本宮大社に近い湯の峰温泉での湯垢離はつとに知られています。

ちなみに1800年の歴史と伝わる湯の峰温泉は、小栗判官が蘇った〝再生の湯〟、〝蘇りの湯〟として、中世の人びとの間に広範囲に知れ渡っていました。

「ゆ」は温かい「湯」より、「斎(ゆ)」を指すことも、すでにふれました。その昔、先人たちが沐浴(もくよく)する川のことを斎川(ゆかわ)と称しました。禊をする神聖な川のことです。その水を斎川(ゆかわ)水(みず)と言います。斎は「いむ＝斎む」、つまり「ケガレを避けて、心身を清め、つつしむこと」を意味します。

湧水が流れる斎川水は神聖な禊の水であったことがおわかりでしょう。同じ湧水である出湯も、神聖な水＝湯と考えたと思われます。日本人は古来、こうした禊の思想と湯浴みを通して得られる霊験あらたかな〝薬湯〟としての温泉を結合してきたものと思われます。

ここまで読まれた皆さんの多くは、清少納言は「玉造温泉」が都から遥か遠くの辺境の地に湧く現在の宮城県鳴子温泉ではなく、「温泉と神道の密接な関係」の象徴ともいえる「島根県の玉造温泉を指した」という私の主張に納得されたのではないかと思われます。

5.「ななくりの湯」は現在の榊原温泉か、別所温泉か？

さて、清少納言が「温泉と言えばやはり、ななくりの湯でしょう」と『枕草子』で真っ先にあげた現在の三重県津市榊原温泉が本題でした。有馬温泉や玉造温泉の名は現代人であっても納得がいくはずです。ところが、清少納言が「温泉は」といの一番にあげた榊原温泉、ましてや旧称「ななくりの湯」の名を知る人は、未だ三重県や地元の人びとをのぞいてそう多くはないと思われます。

ななくりの湯が現在の榊原温泉を指すとの解釈に、かつては一部から異論が出たものです。現在の長野県上田市別所温泉ではないかというものでした。長野県はわが国有数の温泉県であることは周知のとおりです。別所温泉は全国的には特に知名度が高い部類とは言えませんが、長野を代表する歴史的名湯であることは間違いありません。

別所は〝信州の鎌倉〟とも呼ばれるほど社寺仏閣の多い古湯で、私もとても好きな温泉場です。鎌倉時代には北条氏の居館塩田城に近く、〝別所〟の名は、北条氏の温泉〝別荘〟に由来するとの説があるほどです。実際、温泉街の一角、八角三重塔で知られる国宝の安

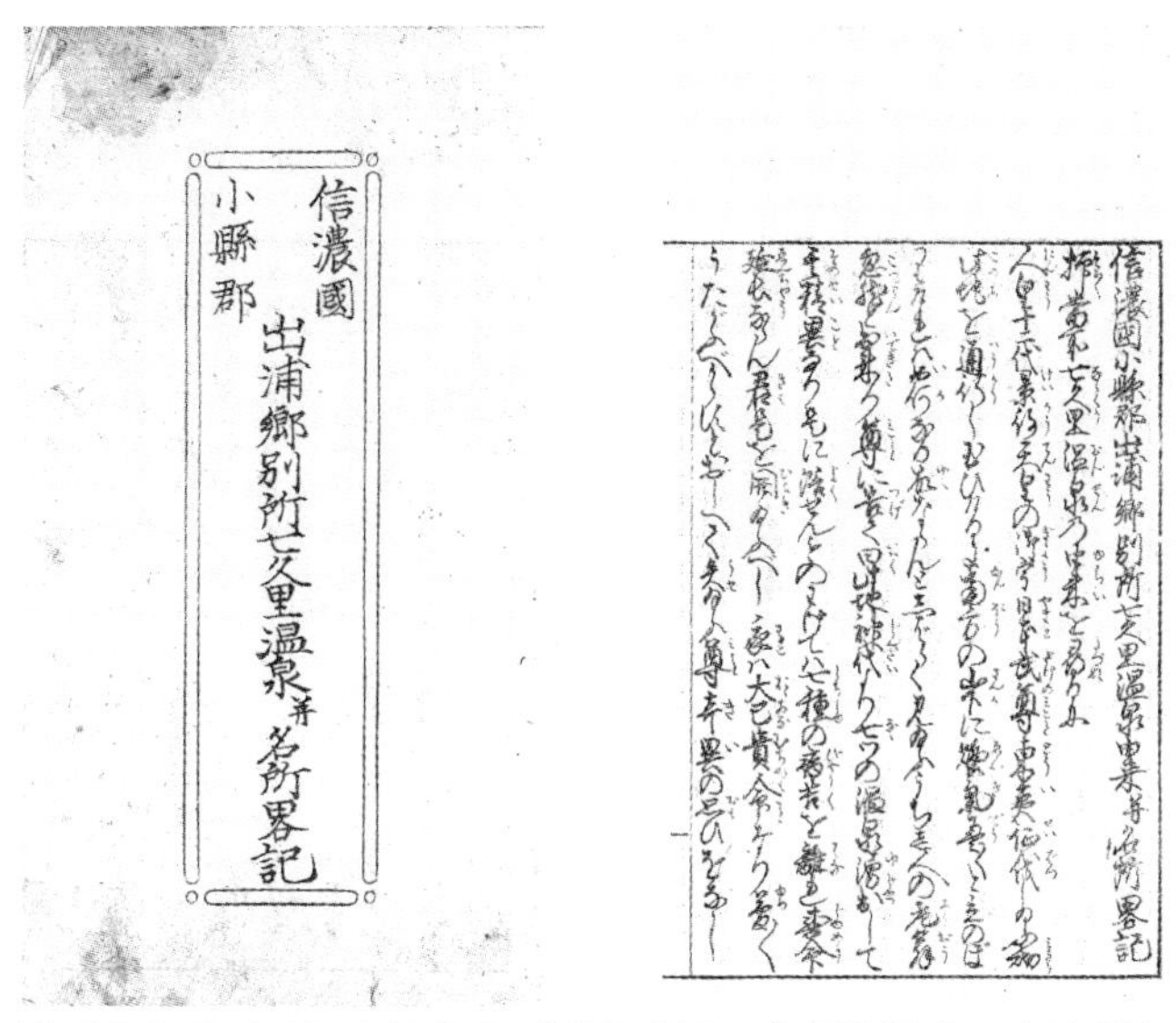
信濃國
小縣郡
出浦郷別所七久里温泉并名所畧記

『信濃國小縣郡出浦郷別所七久里温泉并名所略記』（江戸後期刊）の表紙（左）と本文１ページ目（右）。松田忠徳・所蔵

楽寺は、北条氏ゆかりの名刹です。

奈良、平安時代から都と奥州を結ぶ古道が別所の近くを通っていましたから、都にその存在が知られていても不思議ではないでしょう。地元では「七つの苦から離れる」という意味から、古くは「七苦離の湯」、あるいは「七久里の湯」などと呼ばれ、温泉の効能が信仰と強く結びつけられ、仏教の霊場として発展しました。また平安時代の有名な歌集にもその名が出てくるところを見ると、確かに遠く都まで知られていたようです。

ただ、**別所温泉のように仏教と強く結びついた温泉はいくらでもあったと言えます。むしろほとんどの古湯はそ**

うであると言ってもいいくらいなのです。ところが、榊原温泉は仏教との結びつきではなかった。いや、だからこそ清少納言は、現代人には容易には理解しがたいところで、平安期の知識人として真っ先に「湯は、ななくりの湯、…」と書いたと、私は考えています。

ななくりの湯は、榊原温泉なのか別所温泉なのか。その決着はそう難しくはありません。鎌倉時代後期に藤原長清が編纂した『夫木和歌抄』（1310年頃）に、次のような和歌が収録されているからです。

一志なる岩根にいつる七栗のけふはかいなき湯にもあるかな　橘　俊綱

父親に関白の藤原頼通を持つ橘俊綱（1028〜1094）は、平安時代中期から後期にかけての貴族で、かつ高名な歌人としても知られます。『夫木和歌抄』には榊原温泉（ななくりの湯）の恋の歌もあります。

一志なる七栗の湯も君がため恋しやまずと聞けばものうし　任　信

榊原は一志郡（現在は三重県津市）に所在し、都でいう「一志のななくり」が榊原温泉を指していたことは明らかです。

国文学者の解釈では、清少納言は単に歌合わせでその頃知られていた湯治場を並べたといいますが、そうではない。近くの（伊勢）神宮、つまり神道と榊原は密接な関係にあったからです。昭和に入るまで、地元では榊原温泉は〝宮の湯〟と呼ばれていました。宮は神宮の宮を指していたと思われます。神宮参詣の潔斎の場、すなわち榊原は〝湯垢離（ゆごり）〟の場であったのです。島根の玉造温泉と同じ立ち位置にあったということです。有馬もそうであったように、ともに天皇家と関わりのあった温泉でした。

6. 伊勢神宮と榊原の結びつきをたどると、神道の禊と温泉の関係がよく見えてくる

よく知られているように伊勢参詣の歴史は、古代にまで遡（さかのぼ）ります。平安時代には大和国から伊勢神宮への道は何ルートも開けていて、すでにかなりの賑わいを見せていたようで

す。

初瀬街道、奈良街道、伊賀街道、伊勢本街道……。大和桜井から長谷寺、室生寺を経て伊勢神宮を結ぶ初瀬街道は、古くは長谷道、あるいは伊勢街道とも呼ばれました。〝観音の浄土〟長谷寺は、平安時代には貴族の参詣で知られ、清少納言も長谷寺や初瀬を訪れたことは知られており、『枕草子』にも出てきます。

清少納言は初瀬街道を経て榊原温泉に湯治に訪れたと推測できます。初瀬から三日の行程で湯治場として知名度の高かった「ななくりの湯」こと榊原温泉に至ります。清少納言は皮膚病を患っていたことは知られています。

清少納言は神宮に参詣し、榊原温泉に立ち寄ったのかもしれません。あるいは都で、榊原温泉の噂をよく耳にしていたに違いない。そこは神宮の湯垢離の地として、高貴なひとたちの間でよく知られる温泉でした——。

多くの国文学者や郷土史家は神道の禊と温泉の密接な関係についての知識が欠落していたとも考えられます。紀伊山地の熊野三山詣でと湯の峰温泉や湯川温泉の湯垢離が密接な関係にあったように、**清少納言が有馬や玉造を差し置き、「湯は、ななくりの湯（榊原温泉）」と、榊原温泉を最初にもってきたのは、〝歌枕〟などではなく、神宮と榊原温泉の禊の関係においてです。**もちろん、有馬も玉造も潔斎の場でした。榊原は神宮との関係において、最上位にあったのです。

「榊原」という地名は室町中期以降によく使われるようになったようです。ここは榊の原、つまり神宮に献上するサカキの群生地でした。温泉にひたして奉納されていたのでしょう。

ちなみに『枕草子』に出てくる「ななくりの湯」は「七栗」とも表記されていましたが、「くり」は「御厨（みくり）」、神に供える食物の材料を供給する土地を指す言葉です。すなわち「ななくり（七栗）」とは、「七つの村の御厨」の意味であったと思われます。現在の榊原周辺の豊かな土地を見ると、十分に納得させるものがあります。伊勢神宮（内宮および外宮）の領地の諸国一覧表である鎌倉時代の『太神宮神鳳抄』には、「榊御厨七栗上村」とあります。

さらに安岡親毅『勢陽五鈴遺響（3）』（天保4＝1833年）によると、「一志郡」のなかに戸木村（七栗の内）、森村（七栗の内）、庄田村（七栗の内）、中村（七栗の内）、一色村（七栗の内）、大鳥村（七栗の内）、榊原本村（七栗の内）があり、榊原には下村、平生村、中ノ村、上ノ村があると書かれています。榊原は七栗の上（上流）に位置しているので、「七栗上村」と呼ばれていたようです。

榊原在住の郷土史家、増田晋作氏によると、この上下7村が七栗で、明治22年の町村合併で、森、庄田、中村、一色、大鳥の5か村が合併して「七栗村」が出来ました。中心になる庄田の八幡社に合祀して七栗神社と社名を変えて村社と位置づけています。この七栗郷は一志郡の最北に位置し、南に「小倭郷」があり、8村でそれぞれの村に白山比咩神社を祀られたといいます。

かつては榊原温泉の湯元は射山（いやま）神社の北側の境内にありました。現在も「湯所跡」が祀られています。ちなみに射山神社は『延喜式神名帳』(延長5＝927年にまとめられた『延喜式』の巻9・10のことで、当時「官社」に指定されていた全国の神社一覧)にも出てくる式内社で、祀神は大己貴命（おおなむちのみこと）と少彦名命（すくなひこなのみこと）で、ともに温泉の神として知られていることはすでにふれました。

古老によると、土地の人びとは榊原温泉のことを「宮の湯」と呼んでいたといいます。射山神社の境内が湯元であったためそう呼ばれていたとも考えられますが、むしろ神宮の禊の場としての宮の湯であったと理解したい。この土地が御厨で、神宮に献上するサカキの群生地、しかも湯垢離の場であったことを考え合わせると、「宮」は神宮を指すとするのが自然だからです。

疑問は現在の榊原温泉の知名度です。決して全国区とは言えない。それは榊原が長い間、神領であったことと密接な関係があったと推察できます。

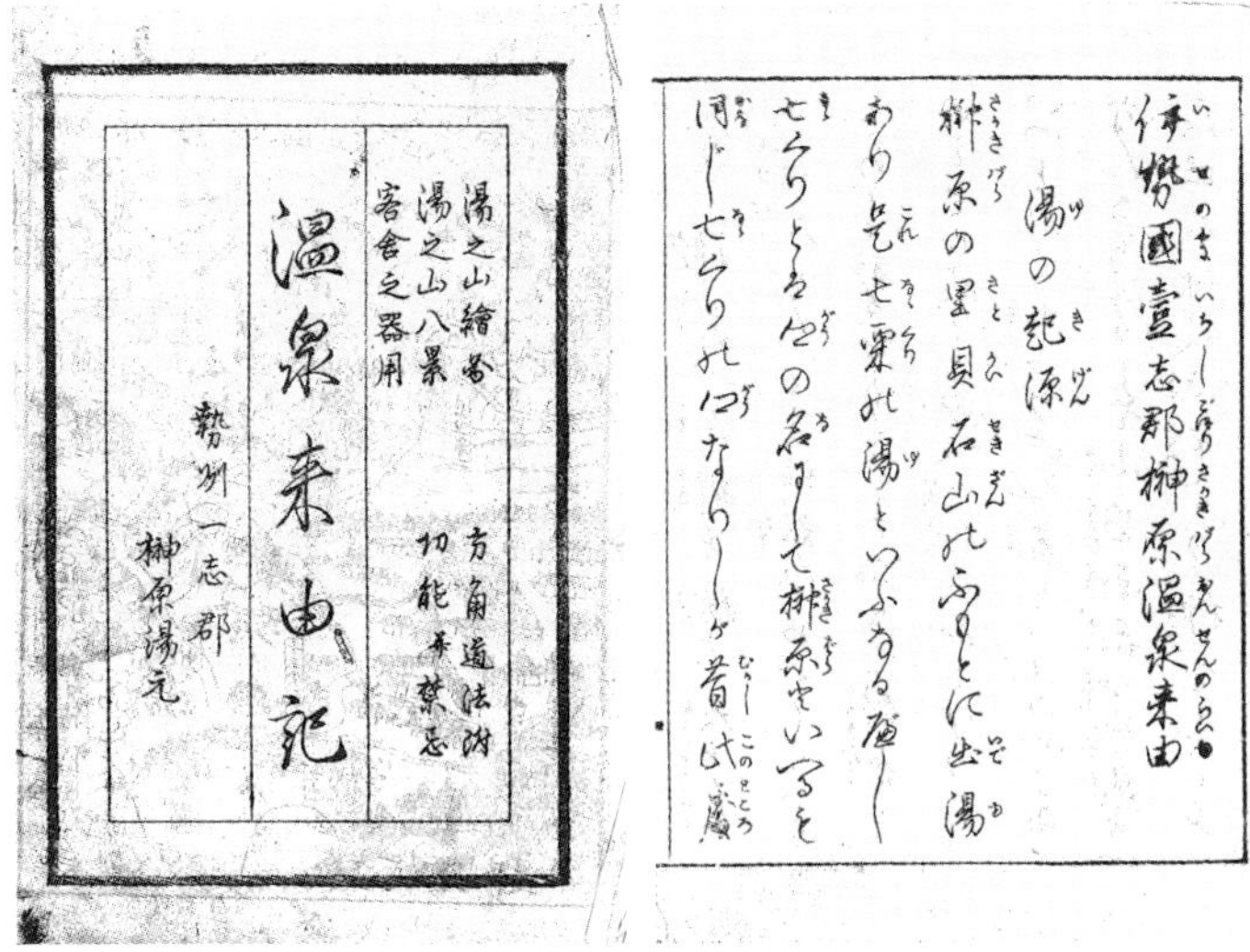

温泉来由記

湯之山繪図
湯之山八景
客舎之器用

方角道法附
功能并禁忌

勢州一志郡
榊原湯元

伊勢國壹志郡榊原温泉来由

湯の起源

榊原の里貝石山のふもとに出湯

『温泉来由記』（宝暦年間発行＝1760年頃）の表紙（左）と本文の一部（右）。（松田忠徳・所蔵）

享保12（1727）年の「榊原湯元之図」や宝暦年間（1760年頃）の刊行と思われる『温泉来由記』などを見ると、榊原に大きな浴舎と約100室を擁する宿があったことがわかります。江戸時代の温泉場は木造建築ですから、小規模の宿が数軒から二十軒ほどが軒を連ねるのが一般的でしたが、榊原の場合は大規模な宿が一軒でした。主にお伊勢参りの客、それも貴人や上流階級の人びとに利用されていたと思われます。身分の高い湯治客にも利用されていました。

現在の榊原温泉の湯温は低く、源泉で40度をかなり割りますが、江戸中期には100室を擁する宿があったことを勘案すると、湯温は現在よりも高かったので

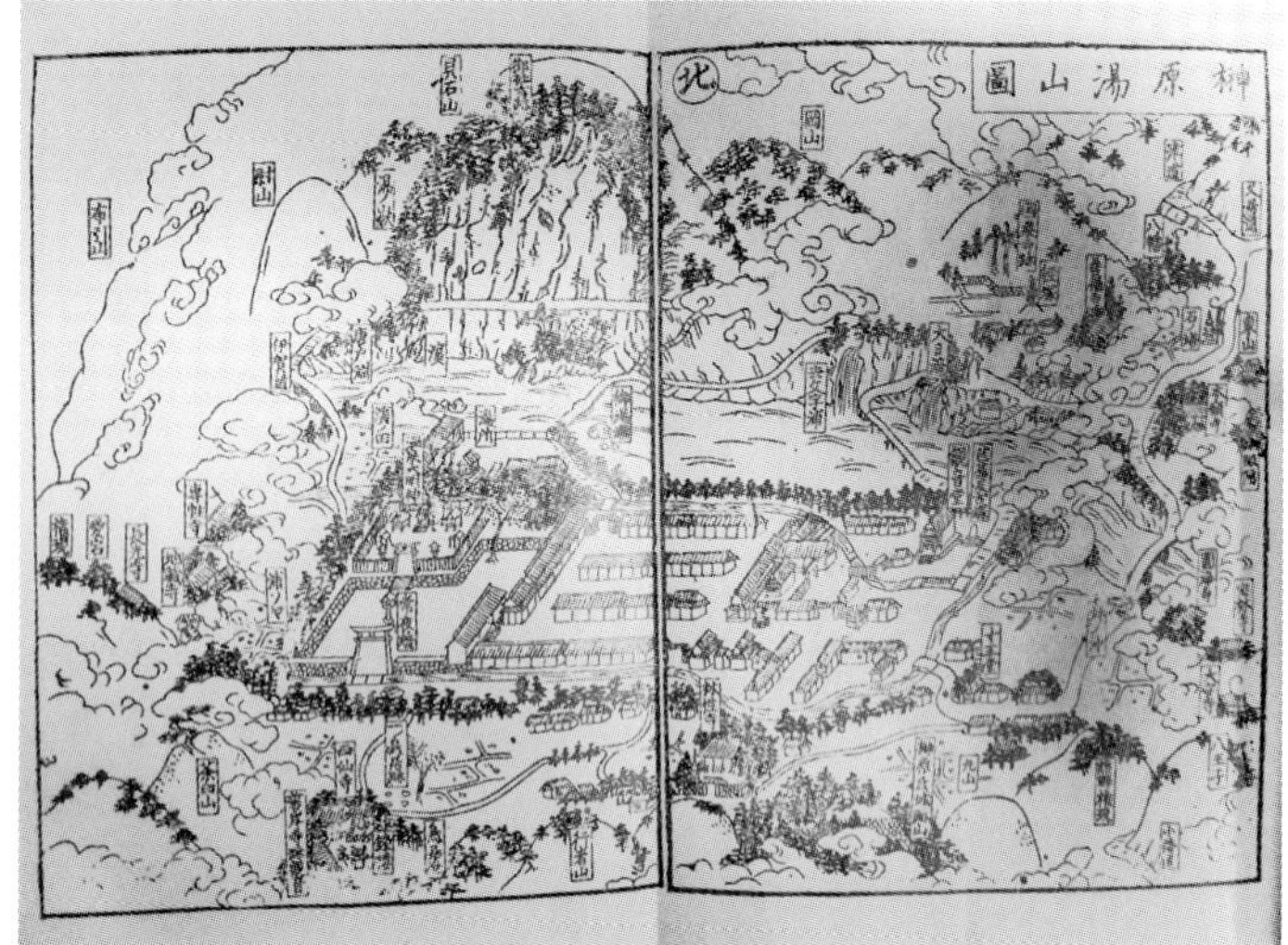

宝暦年間（1760年頃）の榊原温泉絵図（『温泉来由記』に収録）。多数の客室と浴舎などが描かれている。

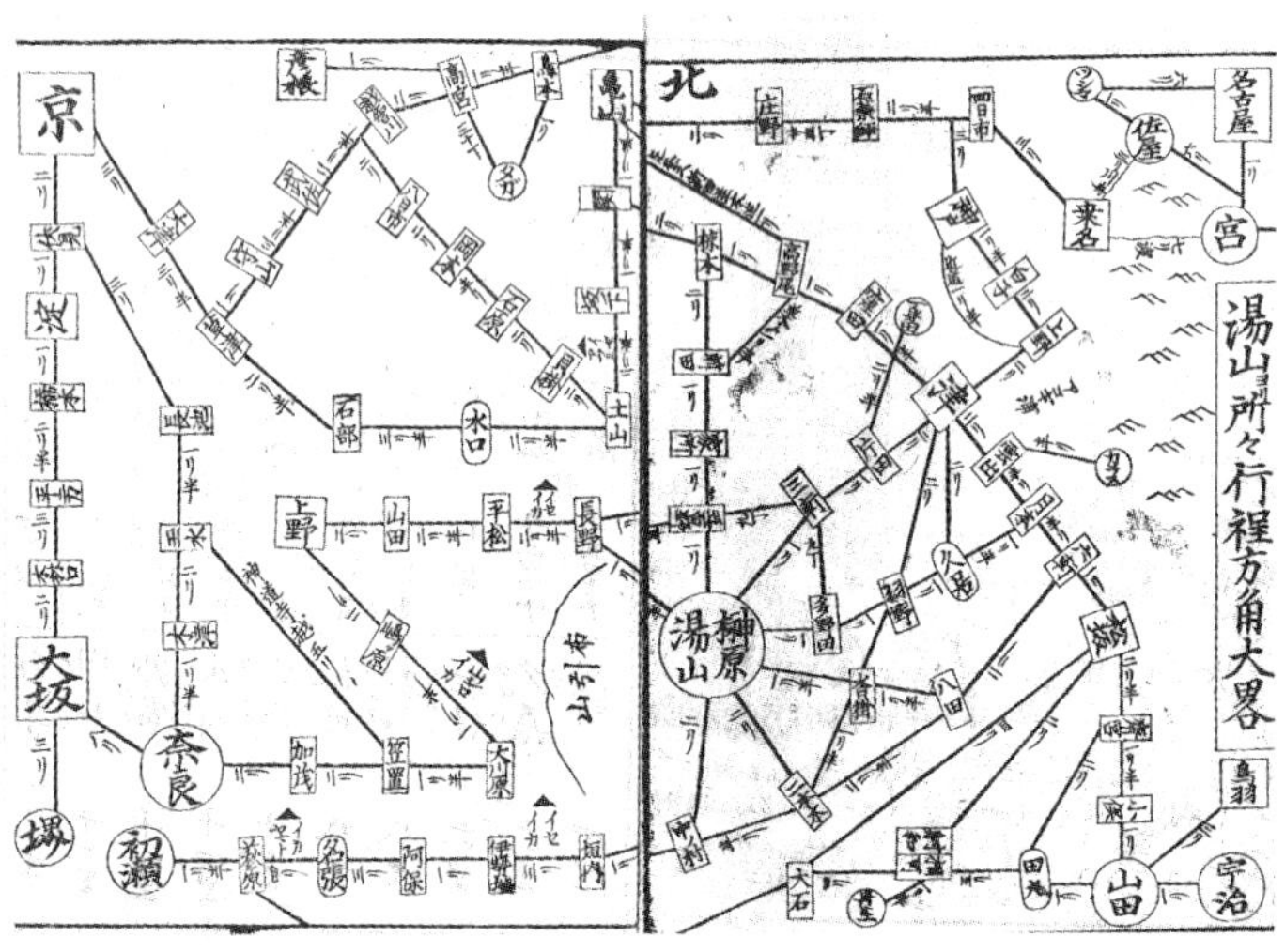

宝暦年間の榊原温泉案内図（『温泉来由記』に収録）

しょう。事実、昭和の初期には、射山神社の鎮守の森に湯煙が上がっていたと口伝されています。

神宮に参詣するに際して、心身の穢れを除き清める垢離の水として使用されていた榊原の湯は、清少納言以降、鎌倉、室町時代にもよく詠まれ、多数の和歌が遺されています。

つきもせず恋に涙をかわす哉こや七栗の出湯ならん
相模（『新勅撰』、鎌倉時代）

いかなれば七栗の湯のわくかこといつも泉の涼しかるらん
基俊（『堀川百首』、鎌倉時代）

しるしあらば七栗の湯を七かへり恋の病の御祓にやせん
肖柏（連歌師、歌人）『春夢集』（室町時代）

七栗のたえぬいで湯を涙にておもひの綱やはてくちなん
いせの国なる七栗の温泉にものして

射山神社にもうでて千足たてまつる
お湯もいでゆもいちじろく
あやしきまでに湧きあがりけり

契沖（『名所今歌集』、江戸時代）

7. 松尾芭蕉は「日本三名泉」榊原温泉に関する句を残していたのか

かの俳聖松尾芭蕉（１６４４～１６９４）は、三重県伊賀市の生まれですから、「日本三名泉」榊原温泉とは目と鼻の先とも言えます。

私は２０１６年だったか、榊原温泉滞在中に増田晋作、芳江さんご夫婦の案内で、伊賀上野を訪れたことがあります。そのときに、芭蕉が29歳まで過ごしたという生家や記念館などを見学しました。生家の奥庭の離れ「釣月軒（ちょうげつけん）」は、芭蕉が江戸に出た後も帰郷した折りにたびたび滞在したと言われています。

芭蕉は元禄２（１６８９）年３月27日、曾良を伴って、東北、北陸を巡って８月20日過ぎに大垣に至るまでの約１５０日間、２４００キロもの徒歩の旅『おくのほそ道』を完遂します。その間、那須温泉、飯坂温泉、山中温泉などに宿泊していますが、北陸加賀の山中温泉では８泊９日も過ごし、２４００キロの旅で唯一の温泉についての一句を『おくのほそ道』に書き記しています。

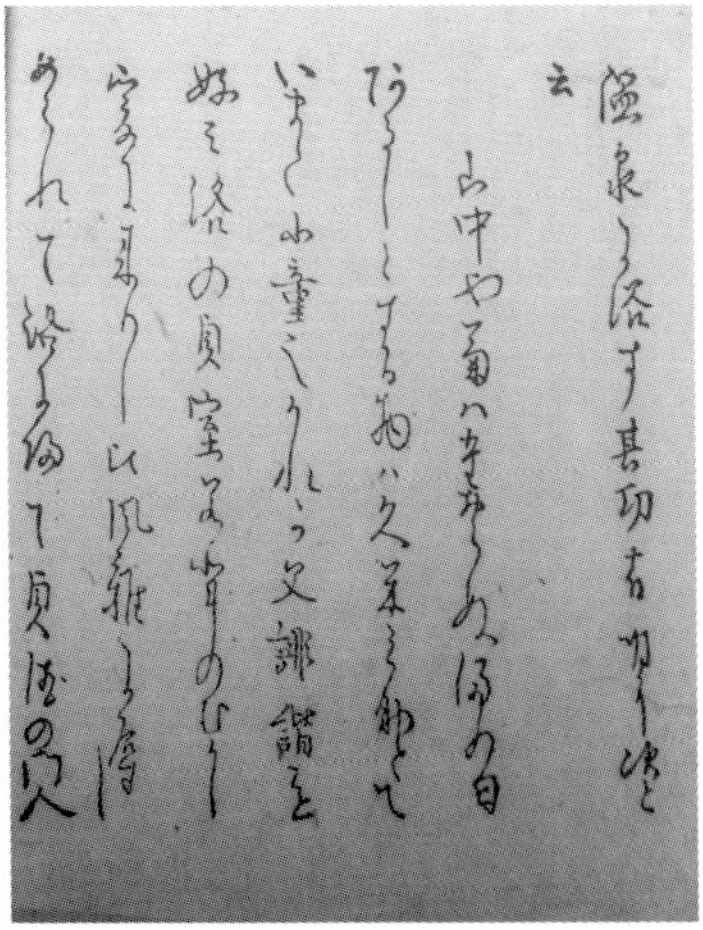

「山中や菊はたおらぬ湯の匂」が刻された松尾芭蕉の『おくのほそ道』（元禄15＝1702年）（松田忠徳・所蔵）

山中や菊はたおらぬ湯の匂（にほひ）

８泊の〃山中湯治〃は長旅で疲弊した俳聖の心身を蘇らせ、「この湯に何度も浸かると肌がうるおい、骨までしみて、心は癒され、顔色も蘇った」（『温泉候頌』）と〃温泉効果〃を心底から絶賛しています。その後の山中温泉の知名度の程は周知のとおりです。

『おくのほそ道』の長旅から故郷の伊賀上野に戻り、釣月軒で疲れを癒やしたのかと思うと、感慨深いものがありました。と言うのも、私はかつて月刊「旅行読売」誌上で、7年余の長期連載「日本温泉物語」を執筆したのですが、その内、約1年に及ぶ13回分を「俳聖・芭蕉と訪ねる古湯」に充てたことがあったからです。

伊賀市内の松尾芭蕉の生家。29歳まで過ごした後も帰郷のたびに、離れの「釣月軒」に滞在した。（撮影：松田忠徳）

芭蕉は山中温泉逗留中に、温泉の虜（とりこ）になっただろうことは間違いないでしょう。それだけに日本の文学史上でも異彩を放つ『おくのほそ道』の旅を終えて、故郷伊賀上野に帰郷した際に、地元ともいえる榊原温泉に足を運ばなかったのかと、永年疑問に思っていたところ、明治時代の『榊原温泉来由記全』（明治27年、温泉会所発行）に、芭蕉の句が記載されていました。

葉桜に袴の裾もぬれにけり　　はせを

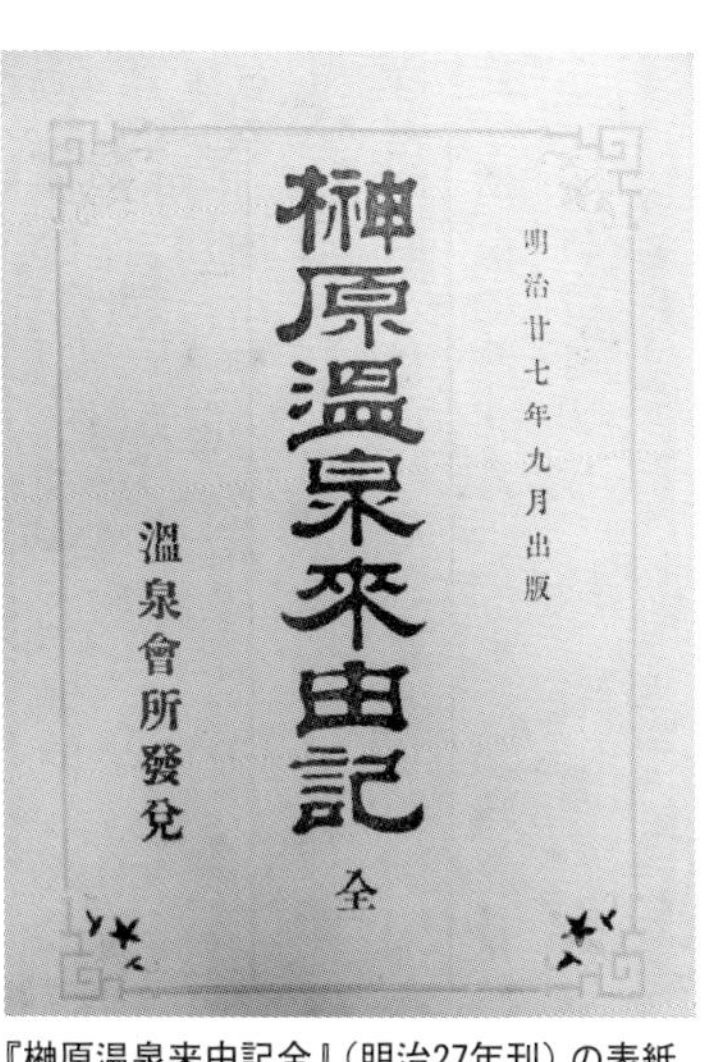

『榊原温泉来由記全』（明治27年刊）の表紙。（松田忠徳・所蔵）

もちろん「はせを」は芭蕉のことです。『おくのほそ道』の旅の直後、元禄2（1689）年9月に故郷伊賀から長野峠経由で、伊勢神宮に詣でています。その際に長野峠の山中で有名な句を残します。

初しぐれ猿も小蓑をほしげ也

榊原温泉は伊賀街道筋に湯煙をあげていました。『伊賀史』第2巻に、「伊賀の人々にとって、もっとも身近な温泉地は榊原温泉であった」として、榊原での湯治の記録が記載されています（本書第1章「4．身近だった湯治場」参照）。**それだけにこの時を含めて、おそらくは何度か榊原に立ち寄っただろうことは、「芭蕉の反古塚（ほごづか）」の存在からも推測できます。**なにせ芭蕉は山中温泉で、温泉に開眼しているのですから。元禄2年の伊勢神宮への旅の折は、榊原温泉のすぐ近くの久居の長禅寺に1泊、伊賀上野へ戻る際にも久居に3泊していることが曽良の日記に記されています。

芭蕉と同じく伊賀上野で生まれ、芭蕉の門弟となった江戸前期の俳人、服部土芳（1657〜1730）が、正徳3（1713）年5月に榊原温泉に泊まったことが津藤堂藩の記録に残されています。〝蕉門十哲〟の一人に数えられる服部土芳は、伊賀藩藤堂家の武士で、伊賀蕉門の中心的俳人でもあったため、榊原にはよく訪れ、俳句の指導をしていたでしょうし、また帰郷した芭蕉を榊原の温泉へ案内しただろうことも容易に推測できます。服部土芳の代表的著作として、編著書に芭蕉晩年の俳論を整理した『三冊子』や芭蕉の生涯全作品を集大成した『蕉翁句集』があります。

先の『榊原温泉来由記全』に芭蕉が榊原で詠んだ糸桜のことが書かれています。榊原の湯治場のシンボルとして明治の終わりころまで残されていたという糸桜の老木の下に「芭蕉の反古塚」があったと記されています。「樹下に芭蕉翁反古塚あり伝えいうに翁生存中永く此地に遊び俳諧の反古積んで山を成す。後人之を埋めて塚となし芭蕉翁反古塚と称す」。芭蕉の反古塚の存在は伊勢国の江戸時代の地誌『勢国見聞集』（嘉永4＝1851年）などにもふれられています。郷土史家、増田晋作氏の説では、芭蕉没後20周忌の正徳3年に、芭蕉の門弟、服部土芳が建立したという。

なお芭蕉に関しては、増田晋作氏が本書「第2章　榊原温泉に関わる人々」で詳しく書いていています。

往々にして文人は故郷や身近な温泉のことを書き残していないようです。歌人の斎藤茂吉も然りです。いつでも書けると思っていたのか、身近な温泉の有り難みはどうしても薄くなるのか。

いずれにしてもいわば地元出身の松尾芭蕉が山中温泉の句のように、榊原温泉について〝榊原〟や〝ななくり〟の文字の入った一句を残していたら、元祖「日本三名泉」榊原の歴史は大きく変わっていただろうことは間違いなかったと思われます。それほど芭蕉は『おくのほそ道』紀行で立ち寄った温泉に対して、大きな影響力を与えていました。

ただ一方で、さすがに「これは欲張りというもの」との気持ちもあります。榊原温泉にとっては、清少納言の『枕草子』だけで十分に有り難い。先に紹介したように、糸桜を詠んだ榊原温泉での句も残されているわけですから。

＊　＊　＊　＊　＊

平成21（2009）年6月6日、榊原の湯を伊勢神宮に奉納する儀式「献湯祭」に参列しました。神宮と榊原のサカキ、及び榊原温泉の湯垢離との深い関係から、榊原の湯を神宮へ奉納する「献湯祭」の実施を〝提言〟してきただけに感無量でした。

最初に地元射山神社でお祓いをすませ、バスで約40キロ先の神宮へ向かいました。内宮の神楽殿に榊原の温泉を奉納（献湯）し、御神楽と御垣内参拝（正式参拝）の特別な体験をすることができました。

神宮への温泉の奉納は、おそらくわが国の温泉史上初めてのことだと思われます。地元榊原地区の住民もそうだったでしょうが、私にとっても歴史的なシーンに参加できて、誠に清々しい気持ちになることのできた一日でした。榊原（ななくり）の爽やかな朝湯を浴び、神宮で厳かに参拝する。日本人ならではの〝湯浴みの極み〟でした。

榊原の源泉を神宮へ奉納する「献湯祭」は毎年6月に続けられており、事前申し込みによる一般のツアー参加も可能です。

第7章

榊原温泉の潜在的な「温泉力」を科学的に解き明かす

（執筆・松田忠徳）

1. 温泉の新たな評価法、「溶質と溶媒」、「酸化と還元」という発想

「榊原温泉・温泉療養効果実証事業」では、従来のような「温泉分析書」の含有成分からだけでは見ることのできない榊原温泉の〝温泉力〟を、主に酸化還元電位（ＯＲＰ）によって検証しました。私たちの老化、及びがん、糖尿病、高血圧症などのいわゆる「生活習慣病」の主たる原因となる〝活性酸素〟を無害化する、極めて高品質の温泉が有する〝還元力〟、〝抗酸化力〟を検証するためです。

私の従来からのヒラメキ、「温泉の含有成分の分析だけでは、温泉の本質を正しく評価できない、温泉の一面しか評価できない」との結論からです。「温泉分析書」に記載されている以外の榊原温泉の「見えざるポテンシャル（潜在能力）」を解明しなければ、現代における温泉の役割は単なる〝気分〟でしかなくなる恐れがあると考えます。「これほど高度に科学、医学が発展した今日、果たして、気分だけで日本人は温泉に向かい続けているのであろうか？」との疑問が生ずるためです。

3か月にわたり、榊原でさまざまな検証を行ってきました。絶えざる原子、分子間の電子の受け渡しで成り立っている生体のメカニズムに立脚した〝酸化〟、〝還元〟という新たな発想による温泉評価法を取り入れたのは、温泉療法がヨーロッパ（現代）医学を補完するための手法になり得るのではないか、との結論に至ったからに他なりません。

このような発想に至ったのは、先にもふれたように私個人の「果たして温泉は含有成分だけで効くのか？」との永年の疑問からでした。結論から言えば、温泉の本質は〝溶質〟ではなく、〝溶媒〟、つまり成分を溶かす水そのものにあると考えられます。なぜなら、数キロから十数キロ先の無酸素状態の地中深くから地表に湧出する温泉は、〝還元状態〟にあるからです。

温泉が地表に湧出して大気中の酸素にふれ、老化することを「温泉の老化現象」と称します。酸化された温泉は〝溶質〟、成分こそ含まれているものの、活性力を失った水に過ぎないとも言えます。

クスリになくて、本来（ホンモノ）の温泉にあるもの——。それは、酸化された生体の細胞を還元する還元能力に優れた温泉、酸化を防ぐ抗酸化能力に優れた温泉ということになります。

では、榊原温泉には科学的に還元力があり、抗酸化力があるのでしょうか？　温泉の本質である〝還元系〟を、泉源（湯元）から得られる湧き立ての源泉だけではなく、入浴者が実際に浸かる浴槽でも維持しているのでしょうか？　そのレベルは？

このようなことをさまざまな調査・検証から探ったのが、「第7章　榊原温泉の潜在的な『温泉力』を科学的に解き明かす」です。

2. 温泉は含有成分だけで効くのか？

これまで温泉の真価は、主にその含有成分にあると考えられてきました。温泉水に含まれるさまざまなミネラルがクスリのように身体に作用するとの見方です。

ヨーロッパ（現代）医学の真骨頂は、クスリによる薬理作用であることはよく知られています。したがって、ヨーロッパの温泉医学が温泉の効能をもっぱらその含有成分に求めてきた理由は十分に納得できます。

しかし、ヨーロッパ（現代）医学がこれほど発達した現代にあって、温泉はそのわずかに含有される成分によってのみ、ヨーロッパ（現代）医学がなかなか治癒し難い生活習慣病のような〝慢性病〟を治癒してきたのでしょうか？

ヨーロッパ（現代）医学の特徴は改めて言うまでもなく〝対症療法〟です。発熱には解熱剤、痛みには鎮痛剤、炎症には抗炎症剤というように。つまりその症状の原因となるものを正したり治したりせず、発熱、痛み、炎症といったいわば表面の現象を抑さえ込んだり和らげることを得手とします。ただし、それだけでは治癒しません。痛みや発熱を抑えた後に、私たちが生来備えている〝自然治癒力〟を利用して治癒しているのがヨーロッパ（現代）医学です。即効性があるとも言えます。ですが、同じ症状を繰り返すうちに、慢性化して、対応できなくなることが少なくないことも事実なのです。なぜなら発熱や痛みなどは病気の症状の一部であって、対症療法でそれらを抑さえ込んでも、その原因となるものを治していないために慢性病化するリスクが高まるからです。

一方で、ヨーロッパ（現代）医学のクスリの分子構造は毒と同じであることもよく知られているところです。クスリは必要とする患部にだけ届くのではなく、全身を巡る。したがって、正常な細胞にダメージを与えるリスクもあるということです。副作用と言われるものです。薬物は活性酸素のもとで、長期間の服用は当然、細胞を酸化し、錆び付かせかねない。毒でもあるだけに、効き目は早いが別の症状を発症させるリスクも考えなければならないため、医師の適切な判断が大切となります。

温泉はこのようなクスリと比べると、極めて微量な成分しか含まれていないことが多い。それにもかかわらずクスリも効かないような慢性病を治癒することもあるのはなぜなのでしょうか？　山口県の俵山温泉のように含有成分がほとんど認められない単純温泉であっても、江戸、明治時代以来、現在に至るまで、〝リウマチの名湯〟として知られている湯治場でもあります。リウマチは現代でも、なお難病です。

なぜ温泉は〝若返りの湯〟と言われてきたのか？

昔から日本では、温泉は〝若返りの湯〟とも呼ばれてきました。ヨーロッパにおいてもそうです。温泉に入ると、若々しくなる。肌が生き生きとすることは誰しもが実感するところでしょう。温泉の効能でもっともわかりやすいもののひとつです。

では、温泉の含有成分だけで若返るのでしょうか？　そうであれば、そのようなミネラルが含まれたサプリメントがより効果的、効率的なはずです。クスリでも可能なはずです。

現代の医学では老化の原因は活性酸素である、と理解されています。がん、高血圧症、動脈硬化、糖尿病などの「生活習慣病」の主たる原因も、活性酸素による細胞の酸化から始まると考えられています。**「病気の原因の90％は活性酸素」**とも言われるほどで、現代人はもはや活性酸素と向き合わずして健康に生きられない状況下におかれていると言ってもよいでしょう。私たちの体は37兆個の細胞から構成されていると言われていますが、これら細胞の最大の天敵は〝活性酸素〟といっても過言ではないのです。

一方で、温泉には細胞を錆びつかせる、つまり酸化させる体内の活性酸素を除去したり、抑制する働きがあるのではないか？ それを検証することが必要だと考えます。古来の〝若返りの湯〟の科学的な意味を解明する必要があるのではないか？ 日本では空前絶後のサプリメントブームのようですが、**「じつは温泉こそが、日本人にとってのサプリメントではなかったのか」**と思うわけです。

「見た目年齢が寿命と密接に関係する」との論文がデンマークの研究者によって発表され、世界に衝撃を与えたことはまだ記憶に新しいところです。たとえば顔の皮膚は、目に見える臓器です。顔が内臓の状態を反映しているというのです。顔のシミ、シワ、たるみなどは、見た目年齢で加齢の進み具合を現している。このことは誰しもわかることですが、**「実年齢より老けて見える人は寿命が短い」**という、ある意味ショッキングな研究結果でした。

日本人なら温泉に入った後、幸福な気分に浸ることができるでしょう。肌がみずみずしくなる。気力が蘇る。つまり若々しくなった、ということです。確かに日本人の実感として、温泉は〝蘇りの水〟なのです。温泉サプリメントと活性酸素の関係を従来の研究とは別の角度から解明する必要がありそうです。〝クスリ万能社会〟で、あえて古来日本人が親しんできた〝温泉の底力〟を科学的に解明するのです。

温泉の本質がいかに〝健康と美容〟に係わっているのかを、もっぱら含有成分を重視してきた従来の〝泉質至上主義〟とは別の視点からも、検証する必要があるのではないか、ということです。含有成分だけでは温泉の効能を正しく解明できないのではないか、と考えるからです。もしできるのなら、秦の始皇帝が求めた〝不老長寿〟のサプリメントがすでに開発されていてもおかしくないはずだ、と。キーワードは〝溶質〟ではなく〝溶媒〟に違いない。

3. 酸化還元電位で、榊原温泉の潜在的な「温泉力」を科学する

成分の薄い単純温泉でも、リウマチに効く！

温泉はその由来が火山性か非火山性かに関わらず、地中深く無酸素状態の環境下で誕生することに着目する必要があります。すなわち温泉水は〝還元状態〟にあります。このことは温泉の本質を理解するうえで極めて重要なことだと思われます。

数キロから十数キロも地中深くで誕生した温泉。この生命力を有した熱水は長い歳月をかけて地表に湧出し、大気中の酸素（20・9％）にふれて、酸化され、徐々に、あるいは急速に生命力（＝活性）を失う。これを温泉のエイジング、「老化現象」と称します。

地中深くから湧出するすべての温泉は〝還元系〟です。ところが、私たち人間が一人ひとり個性が異なるように、また能力が異なるように、温泉もまた、異なるのです。含有成分によって、あるいはpH、泉温などによっても微妙に異なるだけでなく、エイジング（酸

化）の速度が速い温泉、遅い温泉とさまざまであることが、私たちのこれまでの検証、調査から確認されているところです。

この差は効能の決定的な差にもなり得ることもわかってきました。たとえば先にふれた〝リウマチの名湯〟山口県の俵山温泉は、含有成分が微量の単純温泉ですが、エイジングの速度が極めて遅いことが私の検証で明らかになっています。

すでに述べてきたように、**従来、温泉を主に含有成分の種類の豊富さ、濃度等によって優劣をつけてきましたが、果たしてそれだけで良いのであろうか？　というのが、私のかねてからの主張でした。であるならば、温泉に含まれている微量成分より、薬剤師が調合するクスリの方がはるかに成分を濃くできるからです。事実、そうです。**

私たちが高価なクスリを入手できなかった時代に、温泉の含有成分を現代のクスリの代用としてきたのは至極賢明でした。もちろん温泉の効果は、薬理作用（化学的作用）だけでなく、温熱作用、静水圧作用、浮力作用などの物理的作用、および日常の環境から非日常の環境に変わる転地作用等によって複合的にもたらされると考えられています。〝総合的生体調整作用〟と称されるものです。

ですが、こと薬理作用にかぎると、ヨーロッパの薬学がこれほど発達した現代において、温泉に対症療法としての薬理効果を主として求めることは理に適わないでしょう。それは一部の極めて「温泉力」を有する温泉を除いて、温泉は概して即効性はないからです。

今後、温泉に何が求められるか？

では現代社会において、温泉に求められるものは何でしょうか？　答えは明白です。ヨーロッパ（現代）医学にできないこと、難しいことでしょう。そのためには現代医学の対症療法では難しいこと、つまり第一に自然治癒力を高める、補強すること、免疫細胞を活性化すること、すなわち予防医学としての温泉の役割を明確にすること。第二に温泉の含有成分の効果を、人間が調合した薬剤以上に高めること、すなわちそのための工夫をすることが必要と考えます。

ヨーロッパ医学は特に外科、再生医学の分野で今後も人類に多大な貢献をもたらすだろうことは想像に難くないでしょう。一方で、日本人の2人に1人が罹患するというがんを始め、糖尿病、高血圧症、動脈硬化症などの、私たちの生活の仕方が主な原因で発症する「生活習慣病」は、加速度的に慢性病化し、これが医療費の増加につながっていることは、今日では誰しもが気づいていることでしょう。加えて、憂慮すべきことに、慢性病が治癒し難くなってきています。

であれば予防です。昔から言われてきたように、「予防に勝る治療はない」からです。介護、とりわけ寝たきり人口の急激な増加は、すでに現代医療の守備範囲を越えています。先ほど指摘したように、もし温泉で自然治癒力、免疫力を高め、介護期間、寝たきり期間の短縮化につなげることが可能となれば、温泉は現代社会においても、新たな役割を担うことになります。

日本人の女性の平均寿命は87・05歳、男性は80・79歳（榊原温泉で実証実験が実施された、2016年当時）。ところが〝健康寿命〟はそれぞれ74・21歳、71・19歳と意外に短いのです。平均して日本人は10〜13年の介護生活、寝たきり生活を経て、天寿を全うしているということになります。〝超高齢社会〟が進行するにつれ、このことは今後さらに深刻な社会問題化するだろうことは想像に難くないでしょう。

温泉で〝健康寿命〟を延伸できないものか。温泉と活性酸素の関係が明らかになると、温泉の役割は高まるに違いない。もちろん顔のシミ、シワなどは活性酸素が原因であるから、美容とも密接な関係があります。今回の榊原温泉における実証実験、調査の眼目はここにあります。**そのためには、先ず榊原温泉の湯そのものの科学的な特異性、優位性を検証しておかなければなりません。**

さて、現代医学のクスリは長期間服用すると活性酸素により細胞を酸化し、新たな病気を誘発するリスクを負いかねません。したがって、現代において優先的に温泉に求められるのは、現代医学では難しい私たちの体内の活性酸素を無害化して、H_2Oにして、体外に排出することでしょう。

榊原温泉の見えざる〝ポテンシャル（潜在能力）〟を探るために

榊原温泉の泉質は、基本的にアルカリ性単純温泉です。ですが、今回は別の視点から榊原温泉の源泉の見えざる〝ポテンシャル（潜在能力）〟を明らかにするために、酸化還元電位（ＯＲＰ）による評価法で榊原の湯を検証することにします。

「酸化」という化学用語は、日常生活の中でもよく使われていますからなじみのある言葉と言えます。酸素と反応して物質が燃えたり、鉄が錆（さ）びる。こうした現象を酸化と呼びました。私たちの体の細胞も、さまざまな酸化ストレスによって錆び付き、顔であればシミができたり、シワ等の原因となります。皮膚細胞の老化です。皮をむいたリンゴや天ぷら油を放置しておくと、変色したり、魚や肉が腐るのは誰にでもわかる酸化現象です。現在学校で学ぶ化学では、物質が電子を奪われることを酸化したと言います。

一方で、日常的には余り使われていないのですが、「還元」という化学用語があります。

これは酸化された状態を元に戻す反応です。たとえば錆びついたクギを還元力のある温泉につけておくと錆がとれます。これは温泉の〝還元作用〟によって、錆がとれた、すなわち「還元された」と言います。肌のシミが温泉によって薄くなったり消えるのも、温泉の還元作用によって皮膚の細胞が修復されたということです。現在の学校での化学では、還元とは物質が電子を得たことを指します。

このような還元作用を活用すると、腐ってしまった野菜、果物、魚などは元には戻せないものの、腐りにくくする、つまり〝抗酸化作用〟を引き出すことは可能となります。もちろん顔や肌のアンチエイジング（抗老化）にも応用可能でしょう。

酸化還元反応とは？

以上のように酸化とは、「物質が酸素と結びつくこと」を、一方、還元とは「酸化された状態を元に戻す反応」、「酸素が奪われた状態」を指します。

地下水も還元系です。地下に、しかも大気と遮断された深いところに滞留している地下水ほど、溶存酸素の量が少ないため還元状態（以後、これを「還元力」と呼ぶ）は高くなります。まして温泉は、地下数キロから十数キロの深部から湧出するため、ほとんどの場合、地下水、石清水などの湧水よりもはるかに高い還元力を有します。

ところで、酸化と還元の反応は同時に、しかも真逆の反応として起こります。一方の物質が酸化されれば、もう一方は還元されるというように。酸化還元反応は電子の移動反応のことです。物質の最小単位である原子は、中心に正の電荷を帯びた原子核とその周りの軌道（電子殻）を回る負の電荷を帯びた複数の電子から構成されていることは周知のとおりです。原子核はさらに陽子と電気的に中性な中性子から構成されます。そして軌道の一番外側を回る電子がふたつ対（ペアー）になっていれば、この電子は化学的に安定した状態にあるといいます。

ところが何らかの原因で対（ペアー）になっていない場合（これを「不対電子」と呼ぶ）、他の原子から電子を奪い取ったり、逆に奪われたりする。この際の電子のやりとりを〝酸化還元反応〟と称します。つまり酸化とは化学的に電子の足りない原子に電子を奪われることを、還元は電子を得る（結合する）ことを指します。

酸化還元反応とは、とどのつまりは電子の授受を指します。ちなみにpHで表される酸性、アルカリ性は酸性物の量を示すもので、電子の移動反応を示す酸化還元反応とは別のものです。

酸化還元電位（ORP）という新たな評価法

この酸化還元反応を測定するのが、酸化還元電位（ORP ＝ Oxidation Reduction Potential）という評価法です。

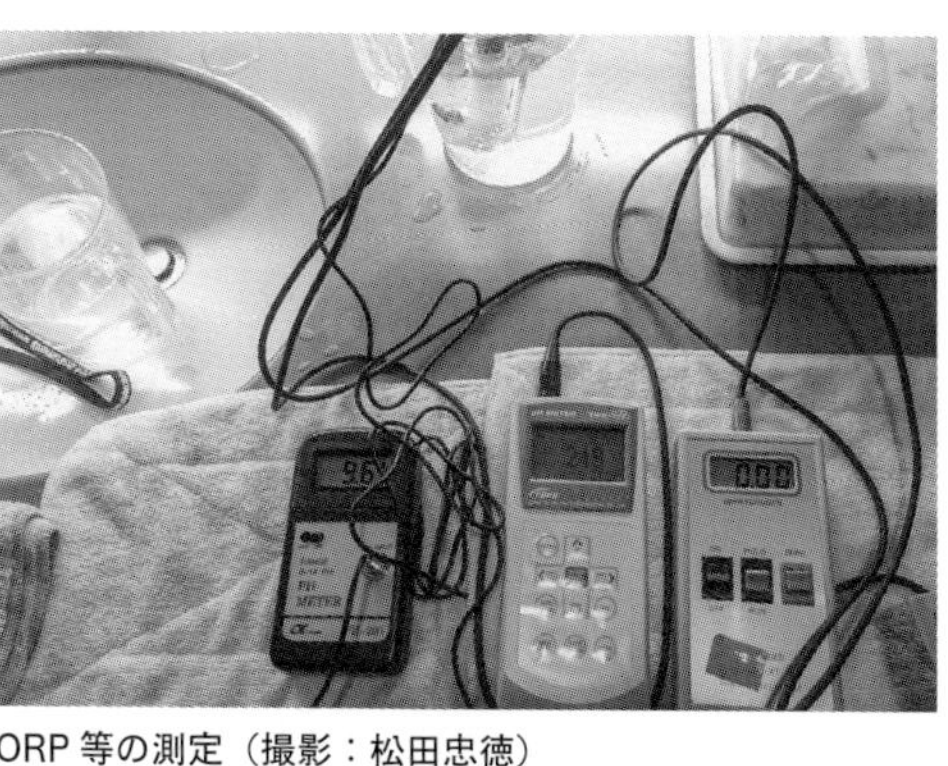

ORP 等の測定（撮影：松田忠徳）

酸化還元反応では、電子は原子間および分子間での移動を伴い、反応は電子的に安定する平衡（へいこう）状態に向かって進行します。この酸化還元反応の過程で電子の濃度変化がわかれば、どれだけ安定した平衡状態に近づいているか評価できるわけです。ちなみに電子の不足状態を〝酸化系〟、過剰状態を〝還元系〟、そして釣り合っている状態を〝平衡系〟と呼ぶことにします。

ＯＲＰ（酸化還元電位）の単位はmV（ミリボルト）。酸化剤（相手を酸化するもの）、還元剤（相手を還元するもの）の強さの目安を計るのが測定器です。酸化状態が強くなれば数値は「＋（プラス）」の方に高くなり、逆に還元状態が強くなれば数値は「－（マイナス）」の方に低くなる。低い「－（マイナス）」電位を維持した温泉水ほど、「還元作用がある」、「還元力が強い」などと表現することにします。

わが国では「水道法」によって、殺菌のために水道水に０・１ｐｐｍ以上（上限はない）の塩素系薬剤（次亜塩素酸ナトリウム）を混入するように定められているため、水道水は酸化された状態で家庭などの蛇口に届きます。塩素はもちろん酸化剤です。一般にＯＲＰ値で４００～６００ミリボルト台です。東京、大阪などの水道では夏場に７００ミリボルトを超える場合もあります。

水道水は中性（pH７）を基本としています。酸化還元電位はpH値や水温と密接な関係があるため、ＯＲＰ値が低いから一概には還元作用が強いとは即断できません。ＯＲＰはpHによって変動するため、中性の状態で測定するのが基本です。なおｐｐｍは液体の微量な濃度を示します。「parts per million」の略で、「１００万分の1」という割合を表す言葉です。mg／Lを意味しています。たとえば２００ｐｐｍ＝２００mg／L。

日本で飲まれているミネラルウォーターのＯＲＰ値は２００ミリボルト前後であることが多いようです。だいたいこのあたりを酸化系と還元系の境、平衡系の大雑把な目安と考えておいてもよいでしょう。

4. 榊原温泉の〝源泉〟の還元力を検証する

現在、榊原温泉で使用されている源泉は7本で、それぞれ現場で測定、検証等を行いました。榊原温泉の泉質は基本的にアルカリ性単純温泉です。

（1）七栗の湯1号源泉（【図表1】）

（2016年9月13日調査）

【図表1】七栗の湯1号源泉のORPとpHの関係

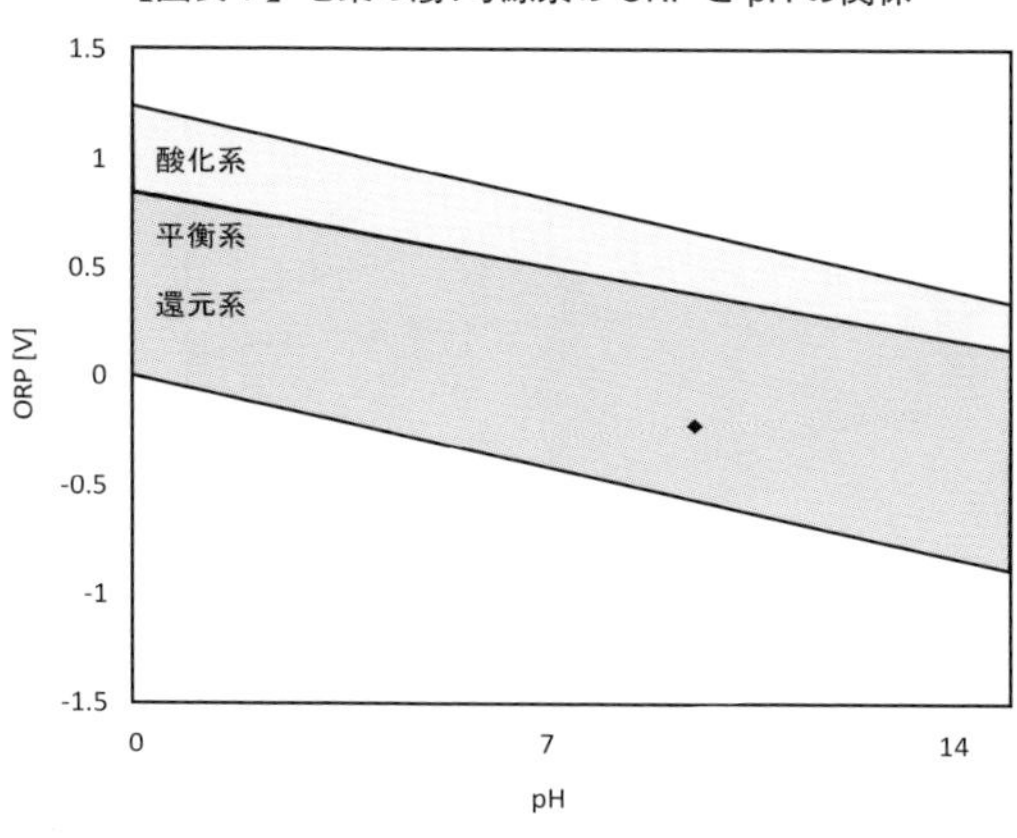

- 温度　23.0度
- ORP　－226mV
- pH　9.60
- DH　0.38ppm
- EC　410sec/cm

- DH＝溶存水素濃度
- EC＝電気伝導率

（2）七栗の湯2号源泉（【図表2】）（２０１６年９月13日調査）

【図表 2 】七栗の湯2号源泉の ORP と pH の関係

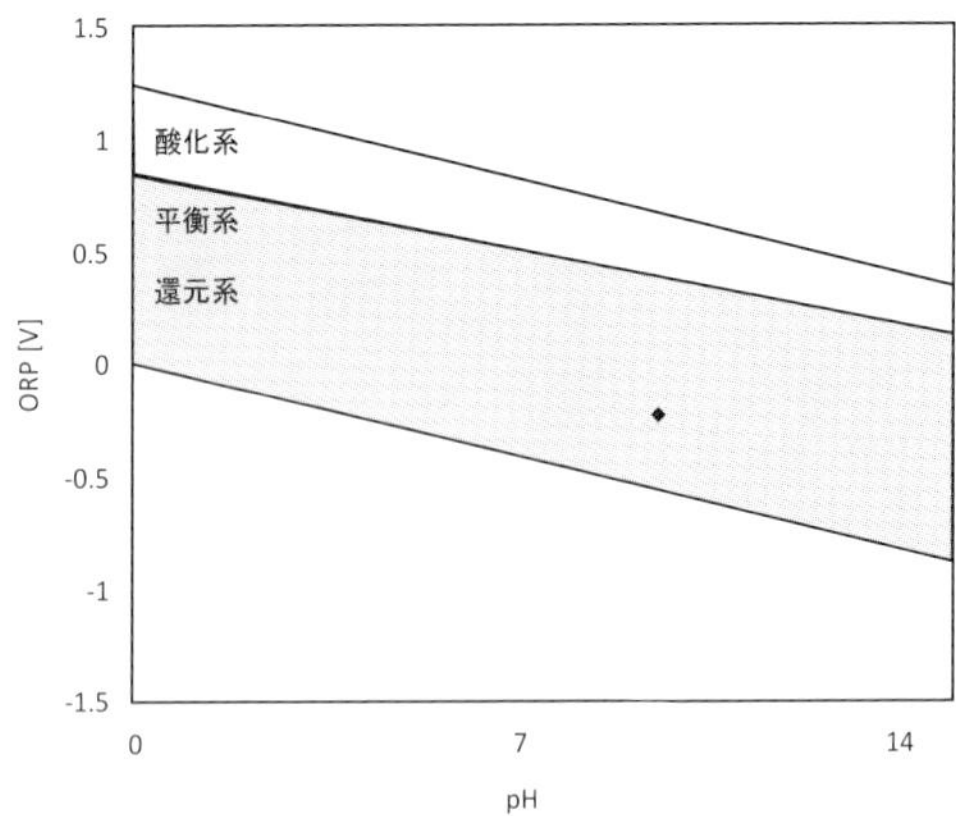

・温度　24.6度
・ORP　－234mV
・pH　9.58
・DH　0.42ppm
・EC　470sec/cm

「七栗の湯 2 号源泉」を採取（撮影：松田忠徳）

（3）枕の湯源泉（【図表3】）（2016年9月15日調査）

【図表 3】枕の湯源泉の ORP と pH の関係

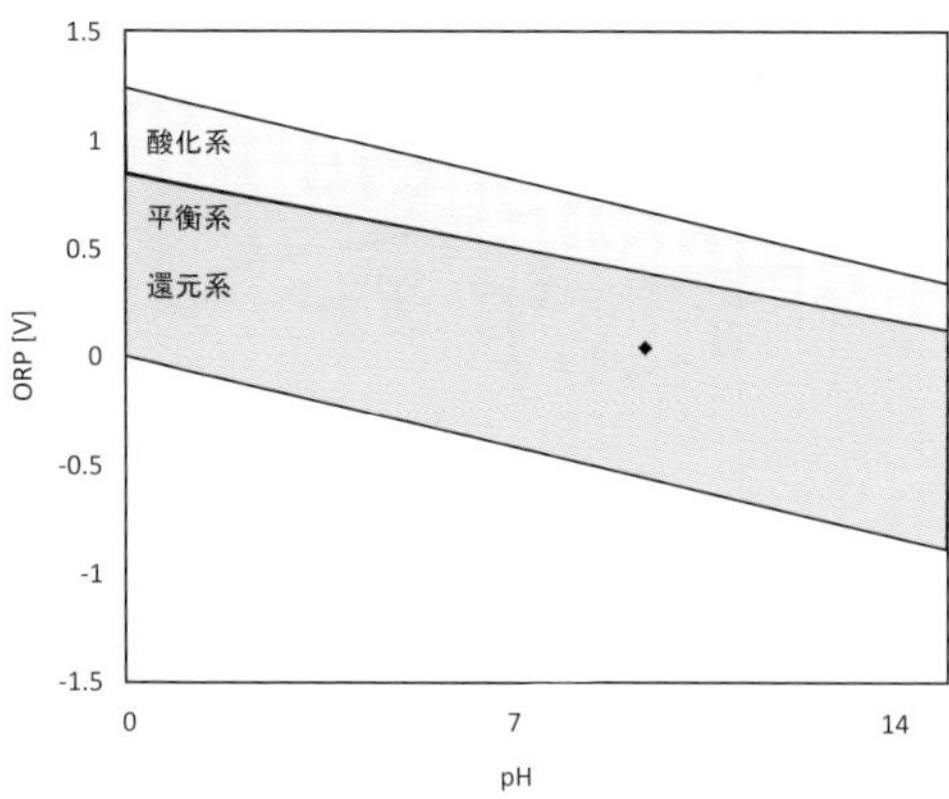

- 温度　23.6度
- ORP　41mV
- pH　9.42
- DH　0ppm
- EC　53sec/cm

「枕の湯源泉」を採取する（撮影：松田忠徳）

（4）榊の湯源泉（【図表4】）（2016年9月15日調査）

【図表 4】榊の湯源泉の ORP と pH の関係

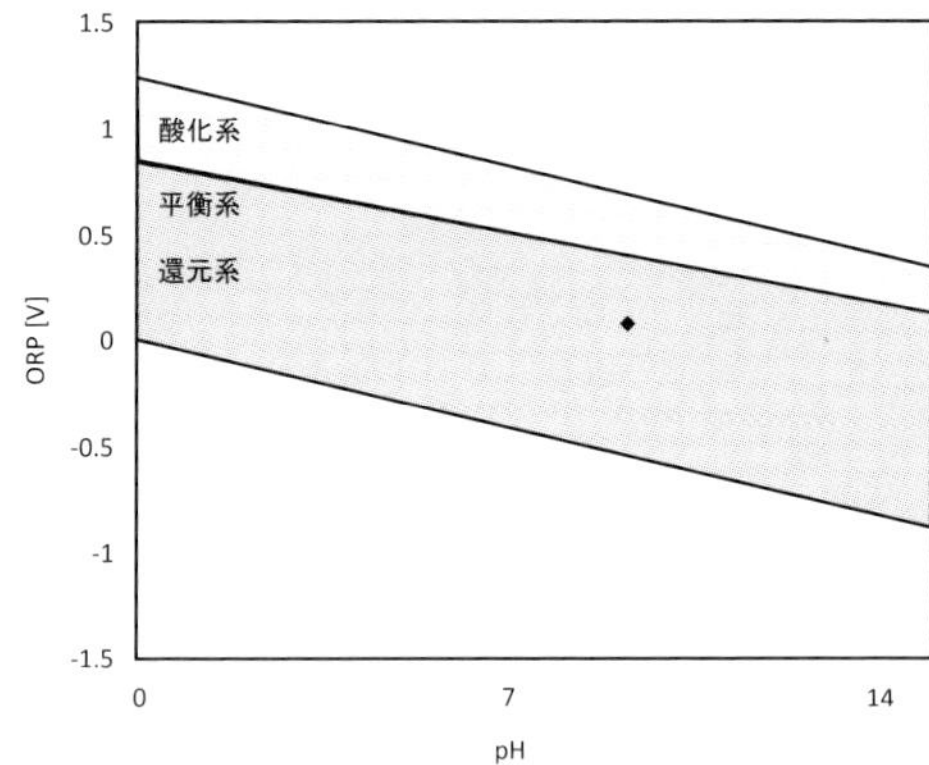

- ・温度　18.3度
- ・ORP　70mV
- ・pH　9.25
- ・DH　0ppm
- ・EC　520sec/cm

（5）榊原温泉（神の出湯）源泉（【図表5】）（2016年9月13日調査）

【図表5】榊原温泉（神の出湯）源泉のORPとpHの関係

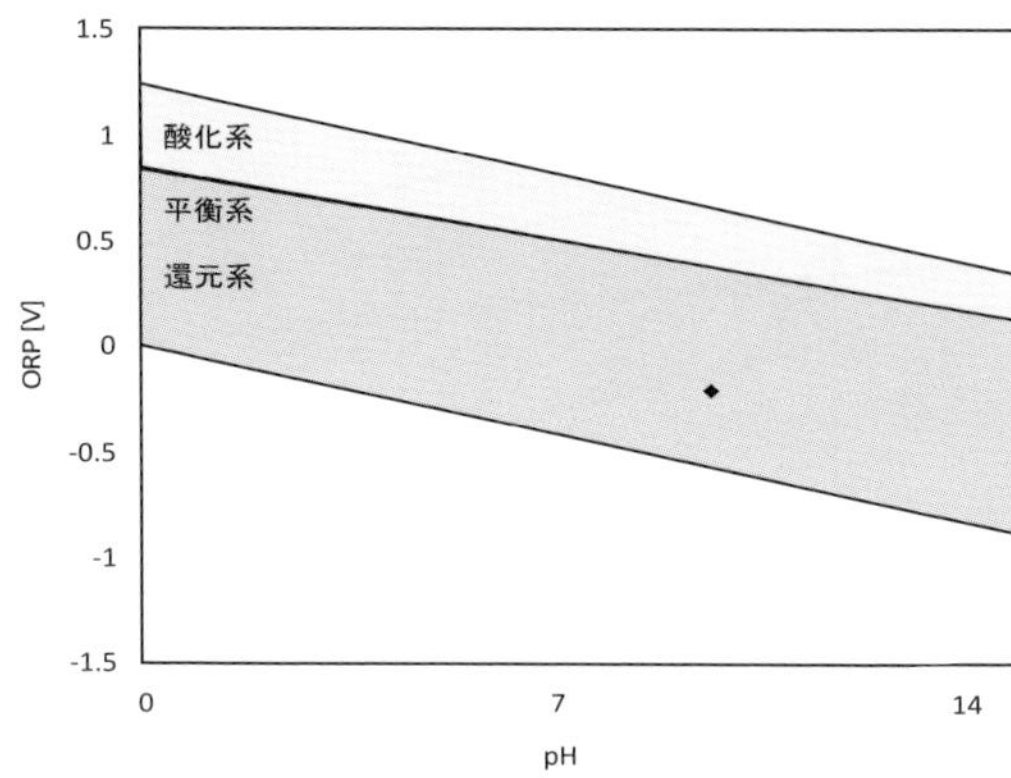

・温度　30.9度
・ORP　－215mV
・pH　9.66
・DH　0.40ppm
・EC　470sec/cm

「榊原温泉源泉」を採取（撮影：松田忠徳）

（6）榊原館七栗の湯源泉（【図表6】）（2016年9月13日調査）

【図表6】榊原館七栗の湯源泉の ORP と pH の関係

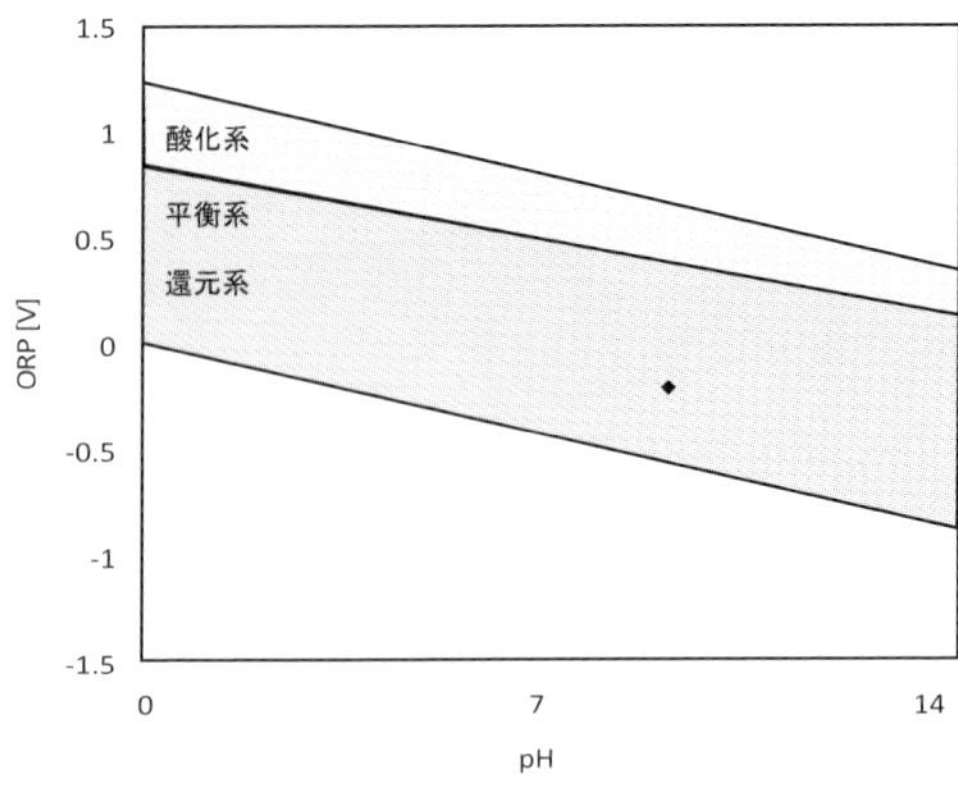

・温度　31.6度
・ORP　－218mV
・pH　9.67
・DH　0.43ppm
・EC　520sec/cm

（7）乙女の湯源泉（【図表7】）（2016年12月9日調査）

【図表7】乙女の湯の湯源泉の ORP と pH の関係

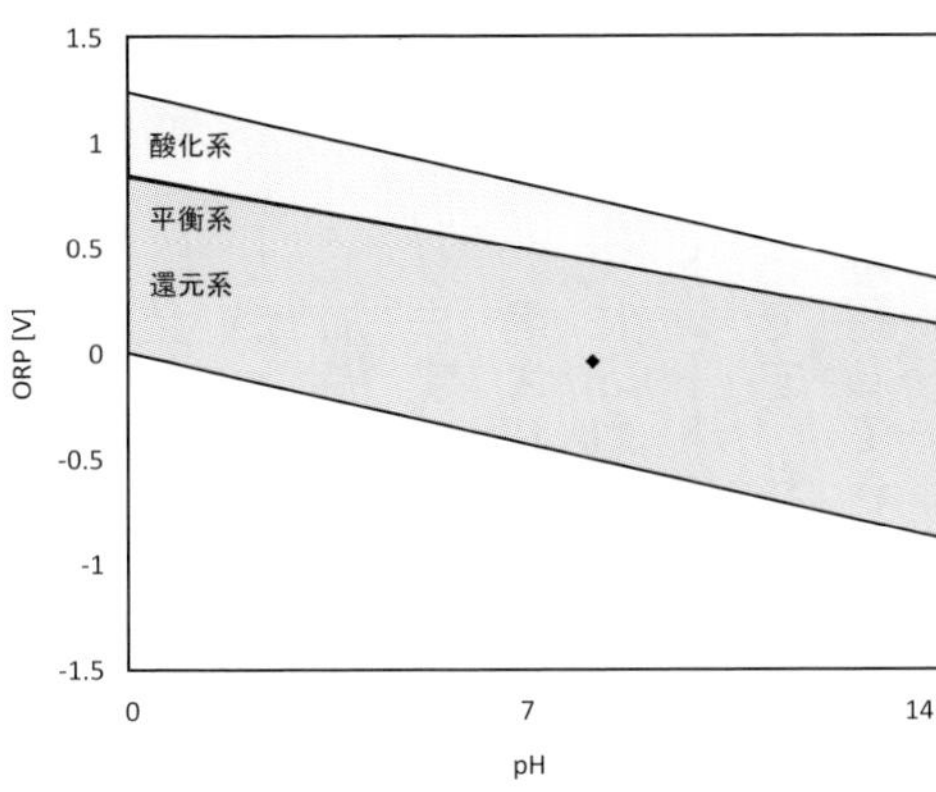

- 温度　14.6度
- ORP　－42mV
- pH　8.48
- DH　0ppm
- EC　550sec/cm

7源泉のうち、特に「七栗の湯1号」、「七栗の湯2号」、「榊原温泉(神の出湯)」、それに「榊原舘七栗の湯」の4源泉のORP値が非常に低い、すなわち還元力に優れていることを示唆しています。

但しpHとの関係もあり、「ORP－pH関係図」で改めて見てみると、先の4源泉に加えて、「乙女の湯源泉」も還元力のあることが判明しました。なお「ORP－pH関係図」の読み方は次の「5.『ORP－pH関係図』から判明したこと」で説明します。

5.「ORP－pH関係図」から判明したこと

現在、榊原温泉で使用されている7本の源泉は、いずれも温度（湯温）は40度を割っています。したがって、各施設では源泉を加温したうえで、入浴客が浸かる浴槽に注いでいます。また、**加温せずに源泉をそのまま浴槽に供給する「源泉風呂」を併せて提供している施設もあります。それは源泉の能力を可能なかぎり損なわないようにとの、昔からの〝経験温泉学〟的考えに基づいた方法です。**

温泉は空気にふれることで〝酸化〟し、その〝活性〟を失いますので、地下から湧出した温泉をストレートに、直に浴槽に注ぎ込むのが、効能を最大限に引き出すうえでもっとも大切なことです。私たちは各地の温泉を科学的に検証することで、このことを〝実証温泉学〟的に確認してきました。

さて、含有成分を記載した「温泉分析書」からだけでは容易にはわからない源泉の鮮度、すなわち〝活性〟を酸化還元電位で測定したのが、先の「4．榊原温泉の〝源泉〟の還元力を検証する」に掲載した7枚の「ORP－pH関係図」です。この関係図の読み方を解説します。

黒色のドットは各源泉の酸化還元電位（ORP = Oxidation Reduction Potential）を示しています。灰色の帯は還元系、やや淡い色の帯は酸化系のゾーン（領域）であることを示しています。この双方の境界線を平衡系と称することにします。たとえば水道法で義務付けられている塩素（次亜塩素酸ナトリウム）は酸化剤ですから、水道水を測定すると酸化系のやや淡い色のゾーン内にドットされることになります。

同じ還元系のゾーン内であっても、平衡系とは反対方向の下方に位置するほど、「鮮度が高い、活性力がある、還元力を有する」と考えられます。化学的には「電子の濃い」ということになります。

【図表1】から【図表7】までの7枚の図を改めて見ると、いずれの源泉も灰色の還元系のゾーン内にあることがわかります。さらに細かく見ると、「枕の湯源泉」と「榊の湯源泉」は還元系のゾーン内でもやや上方に、「乙女の湯源泉」はほぼ中央に、「七栗の湯1号源泉」、**「七栗の湯2号源泉」、「榊原温泉（神の出湯）源泉」、及び「榊原舘七栗の湯源泉」は下方に位置していて、特に還元力に優れていることを示唆していることがわかります。**このように榊原の7源泉はいずれも還元力を有することが判明しました。

源泉の還元力、さらには私たちが実際に入浴する浴槽に満たされた温泉の還元力が、次の第8章で解説するモニターによる実証実験の結果に影響するだろうことは論を俟たないでしょう。

なお源泉は現地の泉源（湯元）から採取しましたが、貯湯槽の構造上、その上部から源泉を採取せざるを得なかったため、ほとんどの源泉のORP値は実際にはもっと低く、還元力はさらにあると考えて間違いないでしょう。

事実、「3か月通いモニター」が入浴した「湯元榊原舘　湯の庄」（「榊原舘七栗の湯源泉」を使用）の「源泉風呂」の浴槽の湯口から出てくる湯は、泉源から採取した源泉よりさらにORP値はかなり低いことを、私は確認済みです。本来は私たちが浸かる浴槽水よりも、泉源から採取した源泉の方がORP値は低いのです。

「温泉は生き物である」――。この言葉は決して文学的なことばの綾ではなく、機器類を用いて実際に測定しても、季節によって、気象条件等によっても毎回、多少異なることをお断りしておきます。特にORP値は場合によってはかなり変動することは、これまでの私が行ってきた国内外の検証からも確認されているところです。

6. 榊原の主要源泉の〝抗酸化力〟を検証する

榊原温泉の代表的な源泉である「榊原温泉（神の出湯）源泉」、「榊原舘七栗の湯源泉」、及び「七栗の湯2号源泉」のエイジング（「温泉の老化現象」）を検証します。

泉源からそれぞれバケツ1杯分の源泉を採取して、上部が開放されたままの容器（400㎖）に移し替え、酸化還元電位（ORP）等を測定することで、それぞれの源泉のエイジング（酸化）の推移を検証しようというものです。**目的は老化（酸化）のしやすい源泉か否かを検証するためです。**「温泉の抗酸化力の検証」と言い換えることができます。

（1）「榊原温泉（神の出湯）」源泉【図表8】（2016年9月13日検証）

解説：非常に還元力のある源泉であることがわかります。ただし、源泉採取後2時間を経過するとORPがプラスに転じた後は、それほどエイジング（酸化）は進まないことが判明。この特徴を活かすためには、この源泉を絶えず浴槽に注ぐようにし、新鮮な湯を浴びることが肝要と思われます。

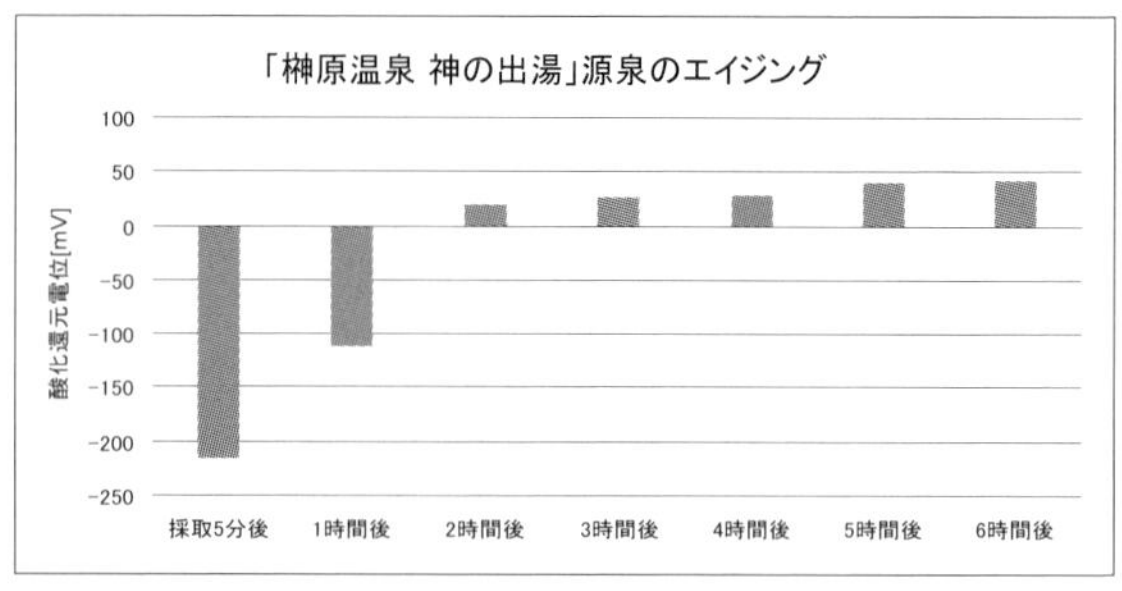

【図表 8】「榊原温泉　神の出湯」源泉の ORP の経時的変化

1．採取約 5 分経過（15：10）
温度　30.9度
ORP　－215mV
pH　9.66
DH　0.40ppm

2．１時間経過（16：10）
温度　29.1度
ORP　－111mV
pH　9.55
DH　0.24ppm

3．２時間経過（17：10）
温度　28.1度
ORP　20mV
pH　9.53
DH　検出されず

4．３時間経過（18：10）
温度　27.1度
ORP　27mV
pH　9.41

5．４時間経過（19：10）
温度　26.6度
ORP　29mV
pH　9.33

6．５時間経過（20：10）
温度　26.3度
ORP　40mV
pH　9.27

7．６時間経過（21：10）
温度　26.1度
ORP　42mV
pH　9.22

（2）「榊原館七栗の湯」源泉（【図表9】）（2016年9月14日検証）

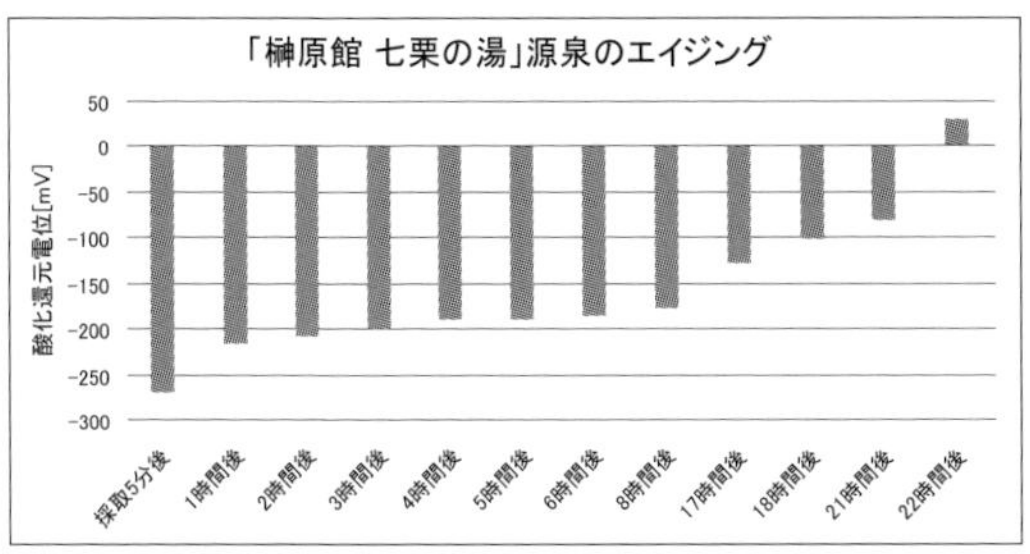

【図表9】「榊原館七栗の湯」源泉のORPの経時的変化

1．採取約5分経過（14:55）
温度　31.6度
ORP　−270mV
pH　9.70
DH　0.51ppm

2．1時間経過（15:55）
温度　29.6度
ORP　−216mV
pH　9.65
DH　0.43ppm

3．2時間経過（16:55）
温度　27.0度
ORP　−208mV
pH　9.58
DH　0.40ppm

4．3時間経過（17:55）
温度　26.7度
ORP　−199mV
pH　9.59
DH　0.38ppm

5．4時間経過（18:55）
温度　26.2度
ORP　−190mV
pH　9.40
DH　0.37ppm

6．5時間経過（19:55）
温度　25.9度
ORP　−189mV
pH　9.46
DH　0.37ppm

7．6時間経過（20:55）
温度　25.7度
ORP　−186mV
pH　9.39
DH　0.36ppm

8．8時間経過（22:55）
温度　25.6度
ORP　−177mV
pH　9.22
DH　0.32ppm

9．17時間経過（翌15日07:55）
温度　25.5度
ORP　−128mV
pH　9.12
DH　0.30ppm

10．18時間経過（同08:55）
温度　25.3度
ORP　−102mV
pH　9.10
DH　0.29ppm

11．21時間経過（同11:55）
温度　25.5度
ORP　−80mV
pH　9.08
DH　0.15ppm

12．22時間経過（同12:55）
温度　25.5度
ORP　29mV
pH　8.95
DH　検出されず

解説：極めて還元力のある源泉です。しかも、22時間経過した後にようやくＯＲＰがプラスに転じたことからもわかるように、驚異的な抗酸化力を有した源泉でもあることが判明。得難い貴重な源泉で、「清少納言が『枕草子』に書いた七栗の湯はこのような抗酸化力を有した源泉だったのだろう」と、想像力をかき立ててくれます。ただし、当時の源泉はもう少し湯温が高かったと推測されています。

（3）「泉源開発　七栗の湯2号」源泉（【図表10】）（２０１６年9月13日検証）

解説：七栗の湯2号源泉も還元力が非常に強いだけではなく、ＯＲＰが16時間後にようやくプラスに転じるという、抗酸化力にも優れた源泉であることが判明。榊原で使用されている源泉の中でもトップ級の源泉のひとつであると言うことが可能でしょう。

今回、「七栗の湯1号源泉」のエイジングの検証は行わなかったのですが、源泉データは2号源泉より若干劣る程度であることを考慮すると、１号源泉の抗酸化力も高レベルにあるものと推測できます。

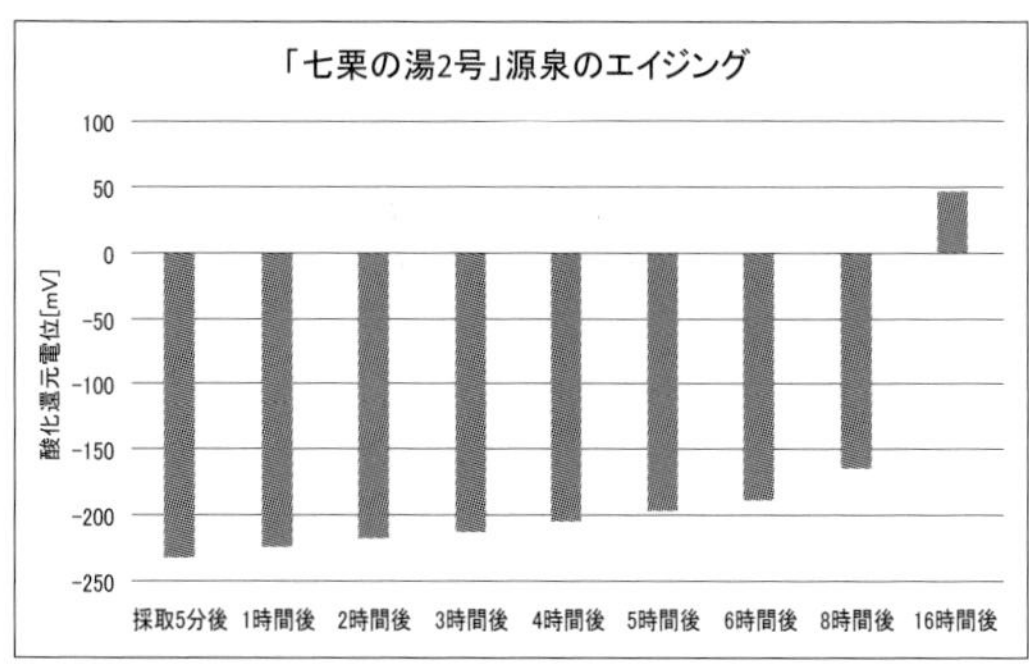

【図表10】
泉源開発「七栗の湯２号」源泉の ORP の経時的変化

1．採取約５分経過（16:25）
温度　24.6度
ORP　－232mV
pH　9.58
DH　0.42ppm

2．１時間経過（17:25）
温度　24.7度
ORP　－224mV
pH　9.52
DH　0.43ppm

3．２時間経過（18:25）
温度　25.1度
ORP　－217mV
pH　9.55
DH　0.41ppm

4．３時間経過（19:25）
温度　25.2度
ORP　－212mV
pH　9.48
DH　0.38ppm

5．４時間経過（20:25）
温度　25.3度
ORP　－204mV
pH　9.40
DH　0.36ppm

6．５時間経過（21:25）
温度　25.6度
ORP　－197mV
pH　9.34
DH　0.34ppm

7．６時間経過（22:25）
温度　25.7度
ORP　－188mV
pH　9.32
DH　0.33ppm

8．８時間経過（翌14日０:25）
温度　26.0度
ORP　－164mV
pH　9.16
DH　0.32ppm

9．16時間経過（同08:25）
温度　26.1度
ORP　47mV
pH　8.95
DH　検出されず

7.「七栗の湯2号源泉」を活用した「源泉風呂」の造営を期待したい

「榊原舘七栗の湯源泉」を引湯した「湯元榊原舘　湯の庄」の「源泉風呂」は、浴槽で31度そこそこの低温の風呂にもかかわらず、昔から〝効き湯〟として評判で、最近の〝ぬる湯ブーム〟と相まって、年齢を問わず現在もなお根強い人気です。

この源泉の「温泉力」に比較的近いと考えられる源泉が「七栗の湯2号源泉」であることが、今回の調査、検証により判明しました。ただ2号源泉を単独で「源泉風呂」として利用している施設は、泉源からもっとも離れたゴルフ倶楽部しかないのは残念なことです。ぜひ、その抗酸化能力を最大限に引き出した「源泉風呂」を造っていただきたい。

すでに指摘しましたが、「七栗の湯2号源泉」から数十メートル下流に湧く「七栗の湯1号源泉」の高い還元力が今回の検証で確認されています。この1号源泉を単独で使用した加温の〝源泉かけ流し〟方式の風呂も期待できます。

『枕草子』に書かれた〝日本三名泉〟という称号に加え、榊原温泉で、今後は〝心身に

「湯元榊原舘」の大浴場「もえぎの」一角の“宮の湯”をイメージさせる「源泉風呂」（撮影：松田忠徳）

効く〃文字通りの名湯、〃現代の名湯〃を再構築する必要があると考えるからです。そのためのもっとも大切な素材、温泉地の生命線である全国でも屈指の源泉が榊原に5本もあることが、今回の調査で確認できたのです。「泉源開発　七栗の湯1号」、「泉源開発　七栗の湯2号」、「榊原温泉（神の出湯）」、「榊原舘七栗の湯」、それに「乙女の湯」の5本の源泉です。

　これらの優れた源泉の能力、これまで明らかにされなかった榊原温泉の〃ポテンシャル（潜在能力）〃を引き出す、個性的な浴槽群の造営が期待されます。

8．榊原温泉の名物「源泉風呂」を検証する

榊原温泉の名物は、「湯元榊原舘」の湯温が低い「源泉風呂」です。昔から「湯冷めがしない」、「湯から上がってもいつまでもぽかぽかする」、「体調がすこぶる良い」などと、常連客を中心に根強い人気で知られています。

「3か月週2回通い湯治モニター」が入浴したこの「湯元榊原舘　湯の庄」の「源泉風呂」の浴槽水を浴槽から直に採取して、「源泉風呂」の〝還元力〟を検証してみました。

「湯の庄」の浴槽水の還元作用の能力を検証するために、酸化剤である塩素（次亜塩素酸ナトリウム）が混入された水道水に、実際に浴槽で使用されている温泉水を混合して、榊原温泉の還元力を確認しました。

「酸化」とは先にもふれたように化学的には物質の最小単位である「原子が電子を失うこと」、一般には「鉄が錆(さ)びること」でした。「還元」とは「電子を得ること」、一般には「錆びた鉄の錆を取り、元の状態に戻すこと」を指しました。

私たちの体の細胞膜は活性酸素によって酸化ストレス状態になり、ごくわかりやすく言

うと錆び付いて過酸化脂質に変質し、やがて細胞膜が破れ、なかのＤＮＡが傷つきがん化したり、さまざまな生活習慣病に陥ることが知られています。

高品質の温泉水は酸化ストレス状態の要因となる活性酸素を、その還元作用で除去、抑制することが、私たちのこれまでの実証実験で確認されてきたところです。榊原の温泉も基本的にＯＲＰが非常に低い、すなわち還元力に優れていることはすでに確認してきたところです。ここではこのことを、酸化された水道水をいかに「源泉風呂」の浴槽の温泉水で還元できるか否かを確認します。

「湯元榊原舘　湯の庄」の名物「源泉風呂」の浴槽水の　還元力を検証する

「湯の庄」の日帰り客も利用する大浴場「もえぎ」の「源泉風呂」の浴槽から採取した温泉水、及び館内脱衣場の蛇口から採取した水道水のデータは、以下の通りです。

（２０１６年９月14日検証）

「湯元榊原舘　湯の庄」のこの「源泉風呂」の浴槽の湯を採取。（撮影：松田忠徳）

・大浴場まろみの湯「もえぎ」の「源泉風呂」の温泉データ（採取５分後）

温度	31.6度
ORP	－270mV
pH	9.70

・水道水データ（採取５分後）

温度	25.4度
ORP	447mV
pH	7.40

「源泉風呂」の浴槽水４００㎖に水道水４００㎖を混合

浴槽水と水道水を１対１の割合で混合した直後のデータは以下の通りです。
なお「源泉風呂」の浴槽水を採取してから、５分後に水道水と混合しました。

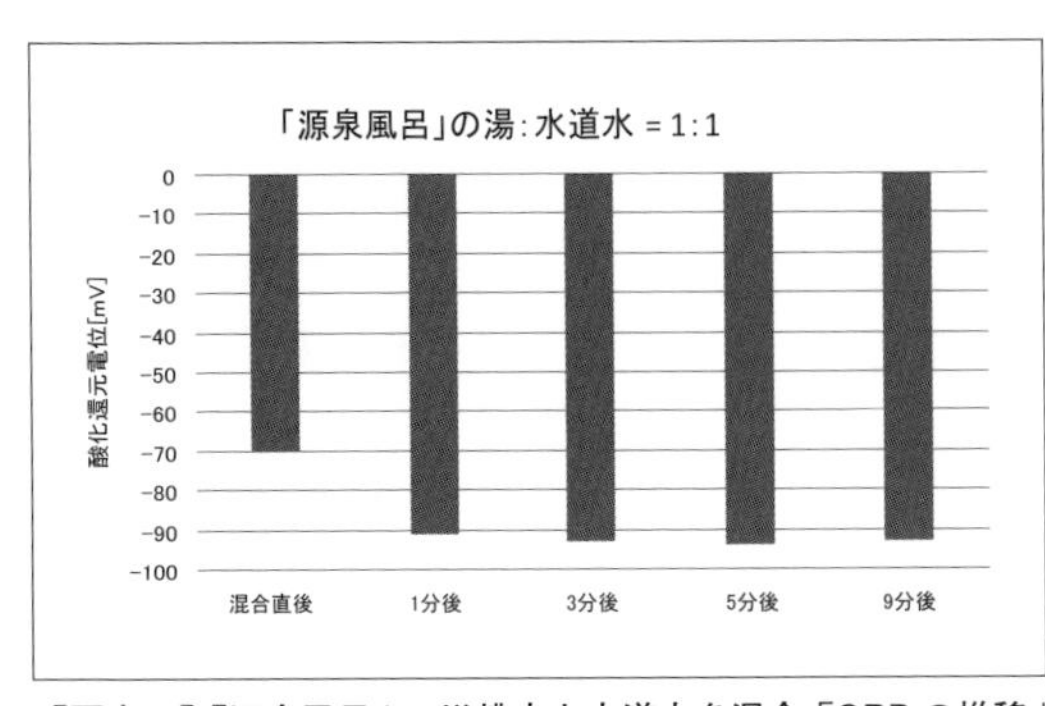

【図表11】「源泉風呂」の浴槽水と水道水を混合「ORP の推移」

1．混合直後：15:32
温度　28.3度
ORP　－70mV
pH　9.57

2．1分後：15:33
温度　28.2度
ORP　－91mV
pH　9.60

3．3分後：15:35
温度　28.0度
ORP　－93mV
pH　9.56

4．5分後：15:37
温度　27.9度
ORP　－94mV（ピーク）
pH　9.59

5．9分後：15:41
温度　27.6度
ORP　－93mV
pH　9.58

【図表11】は塩素で酸化されたＯＲＰ値が４４７ミリボルト（ｐＨ７・40）の水道水を、浴槽水で瞬時にマイナス70ミリボルトまで還元したことを示しています。酸化されている水に浴槽水を１対１の割合で混合した直後の化学的な変化です。榊原温泉の稀有な〝温泉力〃というものを〃可視化〃した数値と言えます。

改めて書き出すと、混合して1分後にはORPはマイナス91ミリボルト、3分後にはマイナス93ミリボルト、5分後にはマイナス94ミリボルトにまで、447ミリボルトの酸化された水道水を還元したことを示しています。よりわかりやすく説明すると、酸化して電子を失った〃錆びた水〃の錆を取り除き、すなわち(還元温泉水の)電子を与えてピカピカに還元したということです。

マイナス94ミリボルトの状態はしばらく続き、混合して9分後にORPはようやくマイナス93ミリボルトに上がり、徐々にエイジング(酸化)が始まります。つまりマイナス94ミリボルトがピークであったということを示しています。

これまでにこの種の検証を行った場合、混合直後に温泉水が強い酸化状態かそれに近い状態にある水を瞬時にピークに達するまで還元して、その後、次第に還元作用が衰え酸化状態に移行するケースが多く見られたものです。ところが、時として今回の検証のように酸化水をじわじわと還元して、ピークに達した後に、酸化状態に移行するケースが見られます。

したがって、榊原温泉、この場合は「湯元榊原舘　湯の庄」で入浴する際は、ある程度の時間を湯に浸かる、あるいは繰り返して入浴するのが効果的な入浴法であると言えそうです。「カラスの行水」レベルでは、効果は十分には引く出せないと思われます。

入浴によって経皮で体内の血管、リンパ管に入った〝還元・温泉水〟や含有成分は、全身の細胞を巡り、酸化された細胞を還元する、すなわち細胞の錆を取ると考えられます。先に確認されたように、榊原の温泉には強い抗酸化作用があります。つまり一般の温泉のように容易には酸化されにくいため、活性酸素の除去、抑制に極めて効果的と考えられます。このことに関しては入浴モニターによる実証実験の結果、次の第8章を読んでください。

9.「泉源開発　七栗の湯2号源泉」の泉源から採取した源泉で還元力を検証する

（2016年9月14日検証）

次の写真（【写真1】～【写真6】）は、「七栗の湯2号源泉」の還元力を視覚で確認するための実験です。

【写真１】

【写真２】

【写真３】

【写真４】

【写真５】

【写真６】

写真説明

【写真1】2個の透明なグラスに、それぞれ半分程度の水道水（ORP＝447ミリボルト、pH7・40）を入れました。

【写真2】&【写真3】グラスの水が酸化されていることを視覚に訴えるために、それぞれに等しい量のうがい薬（イソジン＝酸化剤）を入れました。**イソジンのORP値は522ミリボルトでした。**

【写真4】向かって左側のグラスに、水道水をたっぷりと加えました。水道水はすでに酸化しているため、色が多少薄まっただけであることがわかります。

【写真5】今度は向かって右側のグラスに、**「七栗の湯2号源泉」**を少し加えてみました。

【写真6】すると瞬く間に温泉の強い還元作用で、酸化した水道水が透明になりました。その結果、ORP値はマイナス116ミリボルトの水に還元されました！

この実験は、見かけだけ錆色の水を透明にしたのではありません。源泉によって透明になった水道水は化学的に還元系の水に変質したのです。事実、ORP計で確認すると、マイナス116ミリボルトに化学変化を起こしていました。すなわち、「七栗の湯2号源泉」が水道水、及びイソジンに含まれている活性酸素を除去し、「酸化系の水道水を還元系の

水に変えた」ことを示唆しています。

もちろんこのような実験は「榊原舘七栗の湯源泉」や「湯元榊原舘　湯の庄」の「源泉風呂」の浴槽水！　でも可能です。ただし、泉源から採取したばかりの源泉でこのような実験は可能でも、浴槽水では不可能なケースの方が圧倒的に多いことも事実です。たとえ〝源泉かけ流し〟の温泉であっても、浴槽に注ぎ込まれた直後に空気にふれて酸化されやすい温泉が多いためです。

さて、私たちがこのような榊原の湯に浸かると、皮膚から体内の血液、リンパ液に染みこんだ〝還元・温泉水〟や含有成分が、全身の細胞に届けられ、酸化し錆び付いた細胞を還元したり、抗酸化作用が働いて酸化を防いでくれると考えられます。

10. 歴史と文化の連続性が、「日本三名泉」榊原温泉を育ててきた

いま行った実験を、どこの温泉でも簡単にできるわけではありません。たとえ〝源泉かけ流し〟の温泉であっても、必ずしもできるわけではありません。私の知見では、むしろできない温泉の方が多いと言えます。

活性酸素であるイソジンを薄めに水道水に入れると、錆び色を消すことのできる〝源泉かけ流し〟の温泉はあります。しかしその場合、錆色を透明にした後、ORP値がプラスになることが多く、榊原のようにORP値が低いマイナスを維持する温泉はむしろ珍しいケースなのです。次の第8章で入浴モニターによる湯治前後の血中活性酸素の増減の検証を行いますが、そのような検証に耐えうる温泉はそう多くはないと思われます。

その違いは何か？　温泉の〝活性〟です。鮮度というより、その鮮度の元となる活性の強弱という方がより正しいでしょう。すでにふれたように「電子の濃度が濃い」ということです。

いくら温泉に含まれている成分が濃厚であっても、溶質が濃厚であっても、水そのもの、つまり溶媒に活性がなければ体にそうは効かない。現に榊原温泉の泉質は「成分の薄い」といわれる単純温泉！ です。単純温泉の湯治の名湯は全国にあります。リウマチの名湯・俵山温泉（山口県）、湯治の本場、岩手県の宮沢賢治ゆかりの大沢温泉や鉛温泉などもそうです。

さて活性力のある温泉、すなわち還元系の温泉は、皮膚に吸収されることがわかっています。微量な成分も浸透し、血管やリンパ管を通じて全身の細胞に運ばれます。すでに述べた本章の「2. 温泉は含有成分だけで効くのか？」は、ここにつながるのです。

この答えを導き出し、確認する実証実験が第8章で報告する『榊原温泉・温泉療養効果実証事業』の主たる目的でした。それを導き出す手法が従来の含有成分だけでは不可能でした。温泉の還元力、抗酸化力を探る手法でした。

基本的に本来すべての温泉は還元系です。ですが、この還元系の温泉を浴槽に満たすことができなければ、このような実験はなかなか難しいでしょう。あらかじめ想定した、今回の調査・検証の到達点である私たちの体の錆を還元する、つまり「温泉で活性酸素を除去、抑制する」科学的検証に至ることは不可能ではないかと思われます。「榊原の湯は効く」、「榊原の湯は美肌に良い」と昔から言われてきました。これまではその評価はもっぱら含有成分から、あるいはイメージから感覚的に説明されてきたのです。しかも入浴者が入浴する浴槽水の含有成分の分析ではなく、湧出地、つまり泉源（湯元）で採取された源泉の分析でした。これまで含有成分の分析は明治以来、何度も行われてきました。今回、初めて新たな手法で、新たな角度から榊原温泉を科学的に検証しました。その結果、これまで見てきたように、源泉も、また施設によっては浴槽水も非常にハイレベル、高品質であることが確認できたのです。

しかも浴槽水の供給方法、利用形態を改善することにより、さらにその能力を高められる可能性が見えてきました。

一つ忘れてはならないことがあります。なぜ、榊原ではこれ程のハイレベルの温泉が湧出してきたのか、その理由（わけ）です。榊原温泉が湧出する津市榊原地区の自然環境、自然の豊かさです。豊かな自然環境、水資源が全国屈指のレベルの榊原温泉をもたらせてくれたことは間違いないでしょう。

そしてこの自然資源の、水資源の豊かさは、津市榊原地区の人々の意思で維持されてきたということはさらに忘れてはならないことです。温泉は紛れもなく自然の賜でありますしかもその自然を活かすも殺すも私たち人間の意思なのであります。その意思は、榊原地

区に住む人々の歴史と文化の連続性によって育まれてきたと考えてよいでしょう。

したがって、類いまれな高品質の源泉を次の世代につないでいくのは、現代に生きる榊原を含めた津市民の意思、すなわち平安時代、藩政時代からの榊原温泉の歴史と文化の連続性を絶ちきらない賢明な市民の総意であろうと思われます。

本章は松田忠徳編『榊原温泉郷　温泉調査報告書』(平成29年2月、榊原未来会議・榊原温泉振興協会)を再編集しました。

第8章

入浴モニターによる実証実験から、榊原温泉の効能、その〝底力〟を解剖する

（執筆・松田忠徳）

はじめに～実証実験の目的

〝特別な湯どころ〟榊原

三重の県庁所在地、津市の〝奥座敷〟である榊原温泉は、その高名に恥じぬ由緒正しき名湯です。

わが国の長い文学史上を彩る〝平安朝の王朝文学〟を代表する才媛清少納言によって、有馬温泉、玉造温泉とともに榊原温泉は、〝日本三名泉〟の筆頭にあげられたほどです。わが国の多くの温泉地の発祥がまことしやかな伝説の類いで彩色されてきたことを考えると、「榊原温泉の存在は異彩を放っている」と言うことも可能でしょう。

異例と言えばもうひとつあります。江戸中期頃から始まった温泉番付「諸国温泉効能鑑」に榊原の名が見えないことです。江戸中期にすでに素性のしっかりした『(榊原) 温泉来由記』が刊行されただけでなく、鎌倉、室町時代にはたびたび和歌にも詠まれてきた榊原温泉（ななくりの湯）の名は、都(みやこ)にまで聞こえ、その知名度は非常に高かったことは事実

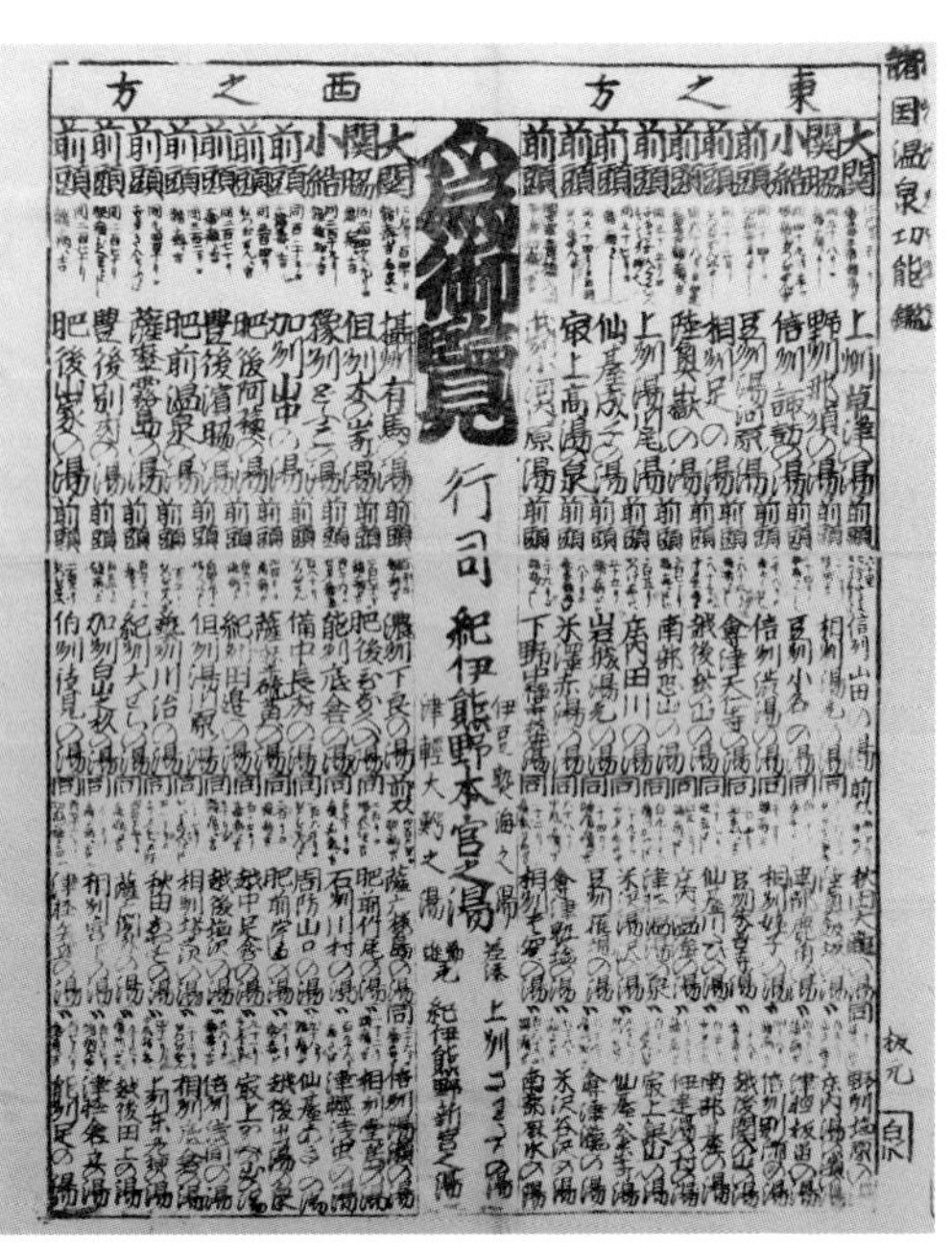

江戸後期の温泉番付「諸国温泉功能鑑」（松田忠徳・所蔵）

です。

しかも都や江戸をはじめ各地からのお伊勢参りの主要街道にも近く、当時の温泉番付に登場する大半の〝僻地〟の温泉場とは異なり、〝都人(みやこびと)〟の温泉でした。「伊勢神宮の湯垢離(ゆごり)の場であったことと、高貴な人の〝特別〟の湯であったが故に、温泉番付に登場しなかった」と考えるのが妥当であると思われます。ちなみに〝湯垢離〟とは「温泉で禊をすること」でした。

さて、**温泉番付「諸国温泉効能鏡」はほぼ〝効く〟順番、効能の評価が高い順に、相撲の番付に倣って大関から順に並べられていました。**明治の20年代はじめまでは相撲の最高位は大関であったため、東西の大関から並べられています。**温泉は療養効果がなければならなかった。効かなければならな**

かった。そうでなければ当時、わざわざ遠隔の地まで徒歩で出かける価値はなかったということです。

pHが9台半ばで、メタケイ酸の含有量が多い榊原温泉は、肌あたりが優しいため〝美肌の湯〟〝美人の湯〟などと言われてきましたが、肝心の効能の方はどうなのか？　予防医学として有効な〝効き目〟があるのか等を検証することは、清少納言の平安時代や温泉効能鑑が流行(はや)った江戸時代とはまた異なり、日本列島に所狭しと〝天然温泉〟と称する入浴施設が林立している今日、真の温泉地として生き残るうえで極めて重要であると考えます。

もちろん日本人特有の〝温泉気分〟も捨て難いのですが、現代は科学万能の時代であることも確かです。したがって、『枕草子』の〝日本三名泉〟といえども、榊原の湯が科学的に有効か否かを確認することは、大いに意義のあることだと考えるわけです。もちろん温泉地にとっては、そのための〝勇気〟〝決断〟も伴うわけですが――。

医療が発達していなかった時代、卓越した効能が噂されれば、たとえ湯温が30度程度の冷鉱泉であっても、病に苦しむ人びとはいくつもの山や峠を越えて、自らの脚で歩きながらそこへ向かったでしょう。まさしく〝霊泉〟として崇められたのです。

歴史的に榊原温泉は「温泉の中の温泉」でした。これまでの章でもたびたびふれたように〝湯垢離(ゆごり)〟の温泉で知られ、その湯で心身を清浄にして、伊勢神宮に参詣したからです。

〝禊ぎ〟の湯だったわけです。

あるいは参詣により精神的に蘇り、精進落としと称した〝湯浴み〟により、肉体的にも蘇った。そう、榊原の湯は〝蘇りの湯〟でもありました。もちろん伊勢神宮は〝常若〟という言葉で象徴されるように、日本人にとって〝心身の再生〟の場です。榊原温泉、ななくりの湯の位置づけは、それを目に見える形で補強する場であったとも考えられます。

〝健康寿命〟延伸の温泉保養地へ

私の提言を受ける形で、平成21（２００９）年に、榊原の由緒正しき湯を伊勢神宮に奉納する「献湯祭」の儀式が榊原の地域住民の総意をもって行われ始めました。今年（入浴モニターの協力による、温泉効果の実証実験が実施された平成28年現在）で8回を数え、地域住民の熱意は衰えそうにないことは心強いかぎりです。やがて6月上旬の榊原温泉の風物詩として、榊原温泉の歴史に刻み続けられていくものと期待されます。

今回の入浴モニターの協力による「榊原温泉療養効果」の実証実験は、往時のように神宮の〝参詣〟と榊原での〝湯垢離〟の湯浴みの組み合わせによって、心身の〝蘇り〟、〝常若〟の復活による、榊原地域の活性化への〝動機付け〟として、期待したいというのが、私の個人的な希望でもあります。

加えて1泊2日型の短期観光から、恵まれた温泉資源をこれまで以上に活かして、連泊、滞在型、体験型の〝温泉保養地〟へと、具体的な方向転換が期待できます。また恵まれたアクセスを活かして、県内はもとより、京阪神、中京の2大都市圏から団塊世代や女性層を主たるターゲットに、〝予防医学〟〝予防医療〟の場としての2〜4泊型〝プチ湯治〟による、滞在型温泉保養地へ転換を図りたいものです。

また、榊原の科学的な温泉力に裏付けされた真の〝美肌の湯〟が実証されたなら、幅広い女性層をターゲットとすることも可能となるでしょう。ここでも従来からの1泊から2〜4泊の連泊による、より効果の高いプランを提供することも可能となるでしょう。

三重県は現状ではインバウンドの活発な県とは言えないのですが、神宮と組み合わせた湯垢離の場としての日本古来の〝温泉道〟を、〝クールジャパン〟の一環として、「外国人、特に日本文化に興味を持つ欧米人に提供する商品があっても良いのでは」と考えます。温泉はインバウンドの重要な仕掛けであることを考えると、日本人の精神文化を知るうえで得難い機会となるに違いないからです。

歴史的、文化的に華やかに彩られてきた榊原の〝感覚的〟、〝雰囲気的〟優位性から、勇気をもって抜け出し、榊原温泉の〝温泉そのものの能力〟、〝療養効果〟を科学的に解明、実証し、その検証結果をわかりやすく数値化し、加えて榊原地区の自然環境やボランティアガイド等の人的資源を活かし、滞在型の〝温泉保養地〟へ繋げることが、今回の調査『榊原温泉・温泉療養効果実証事業』の最大の目的となります。

榊原温泉における実証調査は、第7章でも述べたように従来とはまったく異なる視点から検証することとします。これまでもっぱら温泉に含まれている成分に依存してきた結果、現代医学のクスリ等との差別化を図ることが困難な状況に陥っているのが現状です。したがって、クスリでは得がたい優位性を温泉に見つけることが必要な時代を迎えていると考えます。

現代医学のクスリはもちろん病気を治す手段です。であるならば、〝予防医学〟としての温泉の役割を実証する必要があります。なぜなら〝健康寿命〟の延伸が叫ばれるようになった今日、寝たきり、長期介護の期間をいかに短縮化するかが問われているからです。平均寿命の長さを競うことから、長生きの〝質〟、健康の〝質〟が問われる時代となったからです。もちろんこの課題はクスリだけではクリアできそうにないことは論を俟たないでしょう。この視点に立脚して、三重県庁、及び県庁所在地津市の〝奥座敷〟榊原温泉の優位性を、これまでの神宮に近いという地理的優位性を越えて、科学的に解明、実証したいと考えています。

榊原温泉の〝効能〟の優位性を立証する

科学的には、なぜ榊原の湯が有効なのかを、これまでのように含有成分からだけでなく、主に酸化還元電位（Oxidation Reduction Potential、略してORP）による評価法によって、「温泉分析書」からだけでは明らかにすることのできなかった榊原温泉の「見えざるポテンシャル（潜在能力）」を、その秘めたる〝還元力〟、〝抗酸化力〟等を、第7章で解き明かしました。

医学が高度に発展した現代社会における「療養温泉」のもっとも重要な役割を、私は健康増進（健康長寿）と寝たきり防止、認知症防止、長期介護の短縮化、すなわち〝予防医学〟、〝予防医療〟と皮膚のアンチエイジング、美肌効果におきます。世界に先駆けて、わが国の超高齢社会にあって、「予防に勝る治療はない」ことがますます明らかになってきた、との個人的な思いからです。

したがって、医学的には榊原温泉に入浴することにより、予防医学の観点から、いかに温泉の有効性が認められるか、美肌効果をいかに高められるか等々を、「4泊プチ湯治モニター」、および「3か月通い湯治モニター」の協力により検証、実証します。

そのために、老化、および生活習慣病（がん、高血圧症、動脈硬化、糖尿病、肥満症、等々）の要因と言われている体内の過剰な「活性酸素」が、榊原での温泉療養により、いかに除去、抑制されるか、予防効果の指標となり得る「潜在的抗酸化能」をいかに高められるか、採血、唾液等の検査により検証します。

美肌効果については、湯治により皮膚の還元力、pHがどう変化するか、保湿力、血流量などの変化と併せて検証します。

これまでに行われてこなかったこのような新たな視点からの検証、実証実験により、最新の科学的裏付けによる榊原温泉の科学的な優位性、差別化を図ることにより、従来の1泊観光型から滞在型へ客層を広範囲にシフトし、安定的な経営環境づくりの土台を築くことを期待したいと思います。紀伊半島は京阪神、中京というわが国の三大都市圏のふたつに挟まれているため、保養温泉地としての集客力はわが国でもっとも実現可能な地域のひとつと考えられます。

温泉を地域住民の〝予防医学〟に活用する

今後、温泉地の役割は戦後、長く続いてきた都市との交流人口の拡大、つまり観光的な役割だけではなく、〝健康寿命〟の延伸が叫ばれるなかで、榊原地区はもちろん、津市、さらには津市周辺域を包含した地域住民の健康に寄与する役割が求められます。これが21世紀の温泉の新たな役割であると考えます。もちろん地元行政の主導によってです。

したがって、温泉療養効果が実証されれば、地域住民がこれまで以上に積極的に温泉を活用することにより、健康増進だけでなく、寝たきり防止や認知症防止、長期介護の短縮化などがはかられ、わが国の喫緊の課題である医療費の削減、さらには地域経済の健全化、活性化にも繋がるものと期待されます。

本書『枕草子の「日本三名泉」榊原温泉』を、榊原の郷土史家、増田晋作さんと一緒に世に送り出すために、平成29（2017）年2月に刊行した松田忠徳編『榊原温泉郷　温泉調査報告書』の再編集作業を終了した直後、令和5（2023）年11月20日に出版されたばかりの文春新書、河合香織著『老化は治療できるか』読んでいて、第1章の冒頭に興味深い記述が出てきましたので、急遽（きゅうきょ）つけ加えることとしました。

2016年、ニューヨークのアルバート・アインシュタイン医科大学の研究グループは、有名な科学雑誌「ネイチャー」に「ヒトの寿命に限界があることの証拠」という論文を発表しました。統計学上、人間の最大寿命はすでに到達しており、これまで記録された年齢を超えて人間の寿命を延ばすことは不可能である、と結論付けています。そして論文の筆頭著者ヤン・ファイフ教授は、まさに私がかねがね主張してきた「健康寿命の延伸」に方向転換すべきと次のように述べています。

「治療法の飛躍的進歩によって、われわれが計算した限界を超えて人間の寿命が延びることは考えられるが、そのような進歩は、人間の寿命を総体的に決定していると思われる多くの遺伝子変異を圧倒する必要がある。おそらく、現在寿命を延ばすために費やされている資源は、代わりに健康寿命（健康でいられる老後の期間）を延ばすために使われるべきなのだろう」

「榊原温泉・温泉療養効果実証事業」の概要

榊原温泉において、入浴モニターの協力のもとに、平成28（2016）年9月12日から12月9日までの約3か月間の日程で「温泉療養効果」等の実証実験を行いました。目的は、〝予防医学〟の視点から捉えた温泉の医学的効果、及び美容効果です。

期間、実施場所、モニター等は以下の通りです。

「4泊プチ湯治モニター」が宿泊した「旅館清少納言」（撮影：松田忠徳）

（1）平成28（2016）年9月12日〜9月16日
榊原温泉「4泊5日プチ湯治モニター」於、宿泊施設「旅館　清少納言」、入浴も「旅館　清少納言」で。モニター16名（男性：7名、女性：9名）、平均年齢58歳。

（2）平成28（2016）年9月12日〜12月9日
榊原温泉「3か月週2回通い湯治モニター」の入浴は、「湯元榊原舘」に併設された日帰り入浴施設「湯元榊原舘　湯の庄」で。モニター25名（男性：13名、女性：12名）、平均年齢58歳。

・「4泊5日プチ湯治モニター」は公募で、広く県内外から参加者を募りました。遠くは関東、関西、及び地元三重県内からモニターを選びました。
・「3か月週2回通い湯治モニター」も公募で、大半が地元津市内、及び一部は四日市市はじめ三重県内から選びました。

「3か月週2回通い湯治モニター」が入浴した「湯元榊原館」併設の日帰り温泉施設「湯の庄」。
（撮影：松田忠徳）

・入浴モニターへの応募条件は、「温泉療養効果、及び健康に関心があること」、「これまで定期的に温泉通いをしていないこと」、「現在病気等で通院をしていないこと」等でした。

モニター開始前、及び終了後に、体温測定、血圧測定、採血など、以下の各種の検査を実施しました。

（1）体温・血圧測定
（2）採血
（3）酸化ストレス度測定（d-ROMs test）
（4）抗酸化能測定（BAPtest）
（5）潜在的抗酸化能測定
（6）唾液の酸化還元電位測定
（7）血流量測定
（8）皮膚の酸化還元電位測定
（9）皮膚のpH測定

(10) 皮膚の水分量測定、他

また、「プチ湯治モニター」、「通い湯治モニター」に対して、モニター開始前に実証実験の意義、榊原温泉の入浴法等の講習を1時間程度行っています。

榊原温泉には、事前の科学的検証からも、その有効性が高い含有成分からだけでは見え

唾液検査光景（撮影：増田晋作）

開会式の光景（撮影：増田晋作）

モニター参加者の採血光景（撮影：増田晋作）

ない優れた〝ポテンシャル（潜在能力）〟が確認されています。しかも稀有な「温泉力」を有することが科学的に確認できておりました。その最たるものは、榊原温泉の優れた抗酸化作用により細胞の酸化を防ぐ、あるいは抑制する能力でした。

今回の実証実験の眼目は、短期間の集中的入浴の「4泊プチ湯治」や中期の「3か月通い湯治」によって、老化や生活習慣病の主たる原因となる体内の過剰な活性酸素をいかに抑え、あるいは無害化し、さらには抗酸化能をいかに増強させることができるのか、でした。榊原のアルカリ性の湯は昔から〝美肌の湯〟〝美人の湯〟と評判ですので、併せて美容効果も検証することにしました。

1．榊原温泉での温泉浴で血圧が下がった

日本人の約20％が血圧降下薬を服用していると言われています。なかでも70～74歳の服用率は男性で46・8％、女性が35・1％とのデータもあります。止むを得ないことですが、加齢とともに服用率が高くなっています。

私たちがこれまで全国各地で行ってきた温泉浴効果の実証実験で、血圧が下がることを確認してきました。以下に榊原温泉での結果を記載します。入浴と適度な運動で適正な血圧を維持したいものです。

（1）最高血圧（心臓収縮期）

1．「4泊5日プチ湯治モニター」

湯治前が134±18 mmHg で湯治後が128±23 mmHg と下降傾向（p＝0.44）になった。

（下降する方が好ましい）

2.「3か月通い湯治モニター」
湯治前が136±21 mmHg で湯治後が134±24 mmHg と下降傾向（p＝0.79）になった。（下降する方が好ましい）

（2）最低血圧（心臓拡張期）

1.「4泊プチ湯治モニター」
湯治前が84±10 mmHg で湯治後が77±10 mmHg と下降傾向(p ＝0.06)になった。(下降する方が好ましい)

2.「3か月通い湯治モニター」
湯治前が88±16 mmHg で湯治後が83±15 mmHg と下降傾向(p ＝0.23)になった。(下降する方が好ましい)

成人における正常血圧は日本血圧学会のガイドラインでは、最高血圧（心臓収縮期）が130㎜Hg未満で、最低血圧（心臓拡張期）は85㎜Hg未満と規定されています。

今回の結果では、最高血圧、最低血圧ともに「4泊プチ湯治モニター」、「3か月通い湯治モニター」の両群とも下降傾向を示しました。

このことは、北海道、福島県、長野県、奈良県、岡山県、山口県、大分県、佐賀県、鹿児島県等で私たちが行ってきた調査においても、温泉浴によって副交感神経を刺激し、「血圧を下げる効果」を確認してきたところです。榊原温泉においても、温泉の有効性が確認できる結果となりました。

2. 榊原温泉での持続的な温泉浴が〝美肌効果〟を高めた！

皮膚病を患っていたというかの清少納言が入浴したと思われる榊原の湯は、昔から、〝美人の湯〟、〝美肌造りの湯〟との誉れが高く、現代でもその肌にも心にも優しいシルクのような感触の湯は、大勢の入浴者を虜（とりこ）にしています。

今回、その榊原の美人の湯を科学的に検証してみました。

（1）湯治後の皮膚の酸化還元電位（ＯＲＰ）を測定する

1．「4泊プチ湯治モニター」

湯治前が95±83 mV で湯治後が−61±44 mV と有意に減少（p<0.01）した。（有意に減少するのは理想的）

2．「3か月通い湯治モニター」

湯治前が96±59 mV で湯治後が2±26 mV と有意に減少（p<0.01）した。（有意に減少するのは理想的）

以下の【図表1】〜【図表6】に、各群のモニターにおける個別データを示します。

「4泊プチ湯治モニター」、「3か月通い湯治モニター」ともに、皮膚のＯＲＰが有

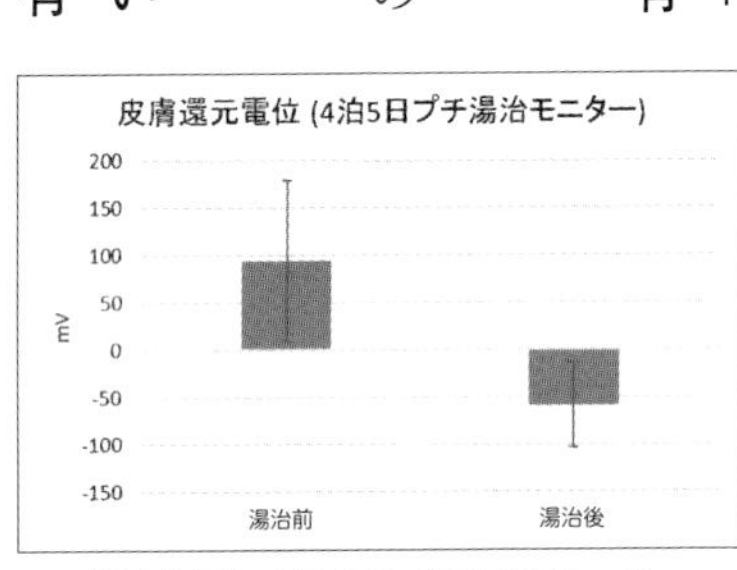

【図表1】4泊5日プチ湯治モニター

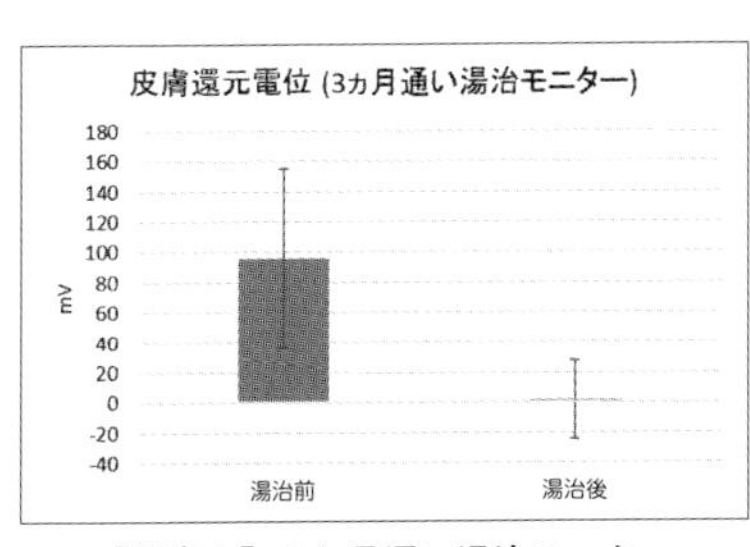

【図表2】3か月通い湯治モニター

意に減少することが確認できました。特に短期の「4泊プチ湯治モニター」のORPは顕著に減少したことがわかります。これは短期間に集中的に入浴した効果と推測できます。1日に3〜4回入浴したモニターが多かったようです。

この結果は紫外線の活性酸素から皮膚が酸化されシミ、シワ等が出来ることを防ぐ、〝皮膚の抗酸化力〟が大幅に増強されたことを示唆しています。それは榊原温泉が有する還元

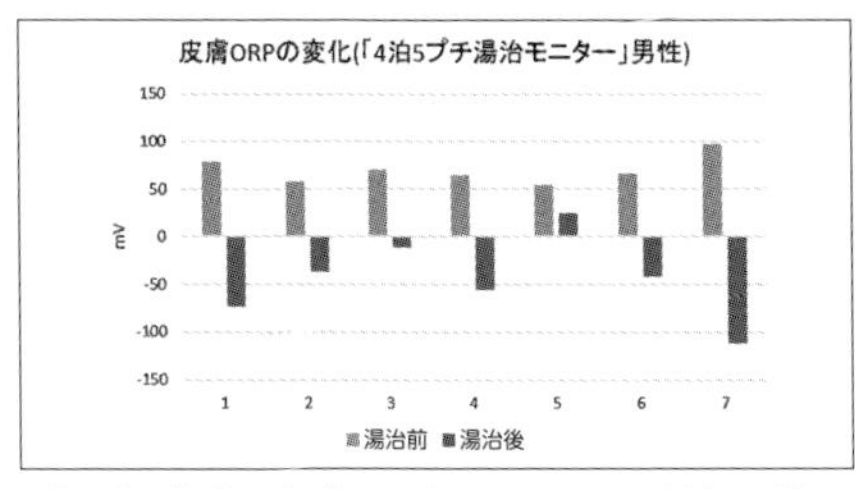

【図表3】「4泊プチ湯治モニター」男性個別結果

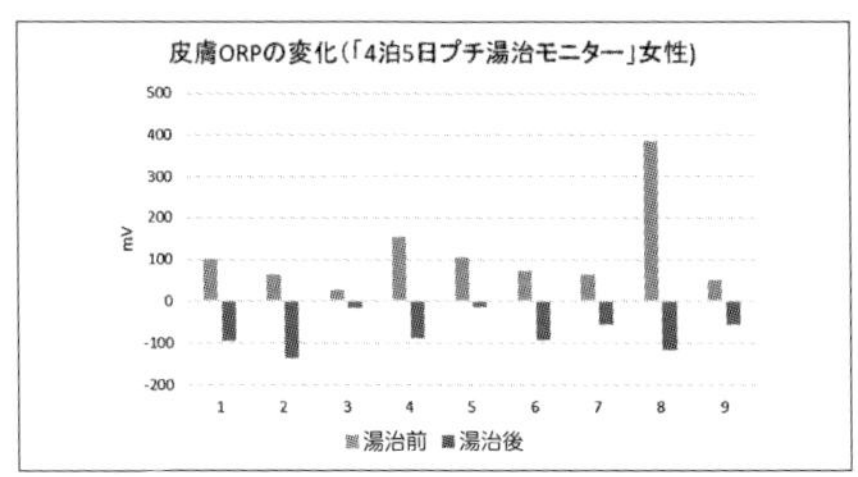

【図表4】「4泊プチ湯治モニター」女性個別結果

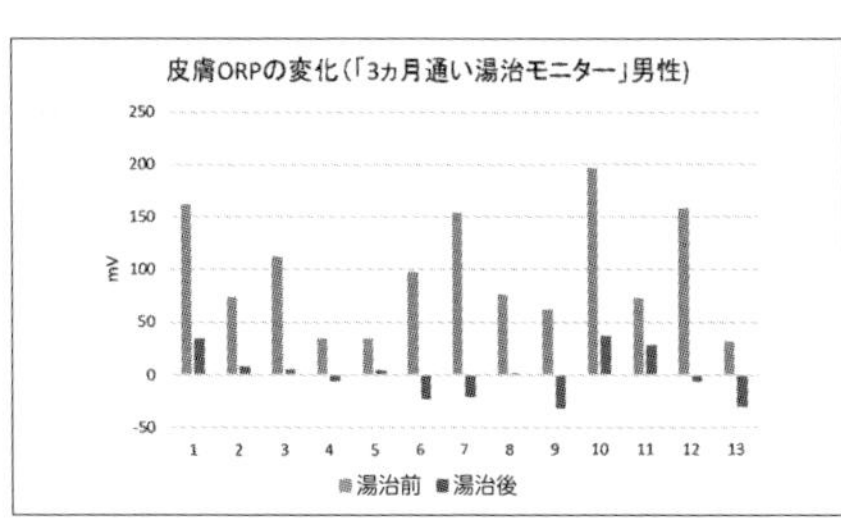

【図表5】「3か月通い湯治モニター」男性個別結果

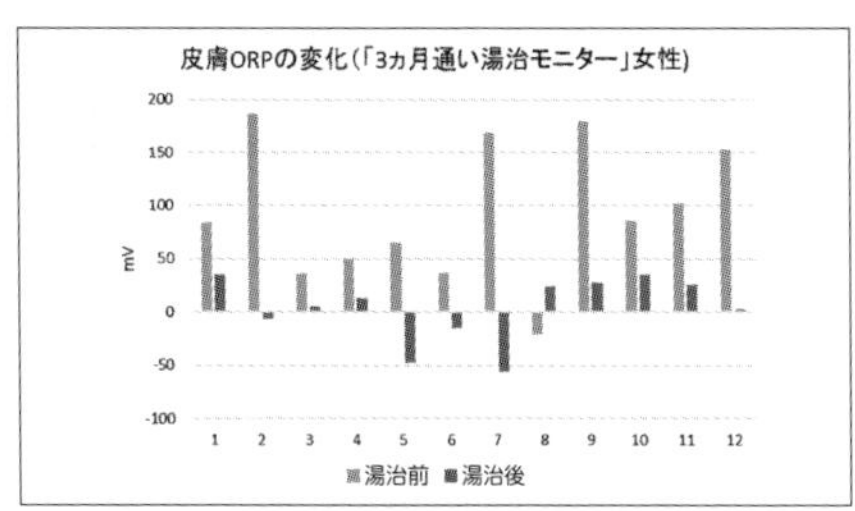

【図表6】「3か月通い湯治モニター」女性個別結果

力の強さが反映されたものでしょう。外出しているとき、戸外で仕事をしているとき、車の運転をしているとき、もっとも紫外線を浴びやすい手の甲の酸化還元電位を測定した結果です。

ORP値が低くなると肌の張りが高まり、今ふれたように肌の酸化を防いでくれます。

3. 温泉浴による血流量の変化を検証する

温泉に入ると血流量が増加することは容易に想像できますが、具体的にどのくらい増加するのか興味のあるところです。特に〝冷え性〟で悩まれている女性が多いことを勘案すると、温泉浴の効果が注目されます。

血流に関する今回の結果は、次のとおりでした。

（1）最高（収縮期）血流速度

1．「4泊プチ湯治モニター」

湯治前が6.2±4.8 cm/sec で湯治後が9.9±3.0 cm/sec と有意に上昇（p<0.01）した。（有意に上昇するのは理想的）

2．「3か月通い湯治モニター」

湯治前が4.5±3.2 cm/sec で湯治後が10.5±4.0 cm/sec と有意に上昇（p<0.05）した。（有意に上昇するのは理想的）

（2）平均血流速度

1．「4泊プチ湯治モニター」

湯治前が1.2±1.3 cm/sec で湯治後が2.2±1.0 cm/sec と有意に上昇（p<0.05）した。（有意に上昇するのは理想的）

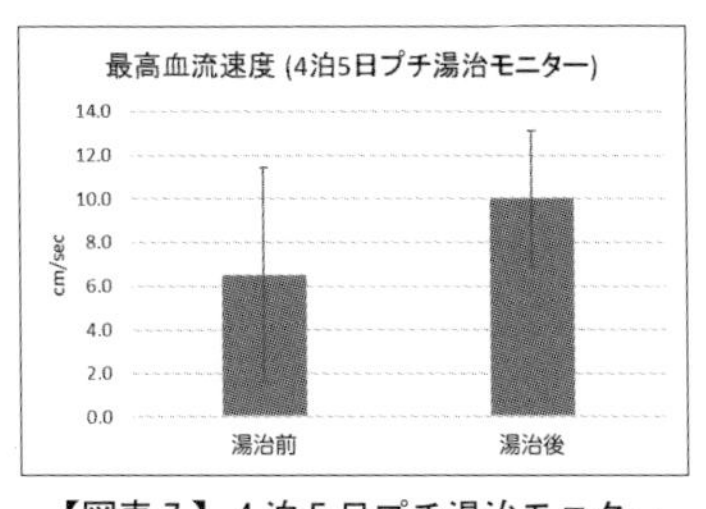

【図表7】4泊5日プチ湯治モニター

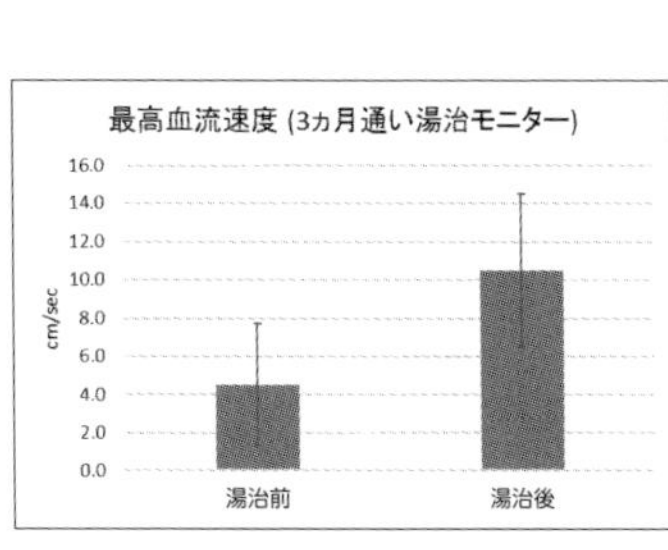

【図表8】3か月通い湯治モニター

2.「3か月通い湯治モニター」

湯治前が0.5±0.5 cm/sec で湯治後が1.3±1.2 cm/sec と有意に上昇（p<0.01）した。（有意に上昇するのは理想的）

いま見てきたように、両群のモニターともに最高血流速度、平均血流速度はそれぞれ顕著に上昇しています。

機序（きじょ）は温泉の保温効果による血管拡張にともなう血液の流れやすさと入浴によるリラックス効果が考えられます。すなわち入浴により副交感神経系が優位になり、動脈平滑筋細胞の弛緩が起こることで末梢血管抵抗が減少し、血流量が増加したと考えられます。

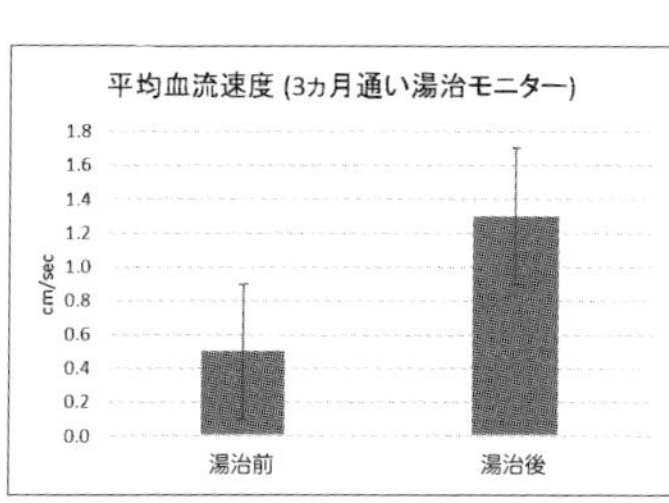

【図表10】3か月通い湯治モニター

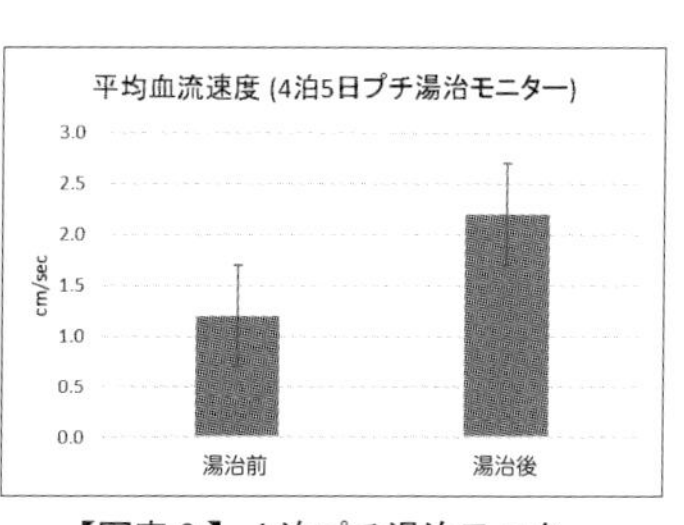

【図表9】4泊プチ湯治モニター

4．皮膚（顔）の水分量を測定する

加齢とともに体内の水分量が減少することは誰しも感じていることでしょう。枯れるということでしょうか。成人男性は体重の60％、新生児で約80％が「体液」と呼ばれる水分からできています。

成人女性は５％少ない55％と言われていますが、その代わり脂肪分は女性の方が上回っており、水分と脂肪分を合わせると男女でほとんど差がなくなります。**高齢者の水分量は50～55％で、やはり若さの象徴は肌のみずみずしさと言えそうです。**

1．頬の水分

1．「4泊プチ湯治モニター」

湯治前が34.4±11.4％で湯治後が32.9±4.9％と減少傾向（p＝0.63）となった。（増加傾向が好ましい）

2.「3か月通い湯治モニター」

湯治前が35.2±9.7％で湯治後が35.5±7.2％と増加傾向（p＝0.92）となった。（増加傾向が好ましい）

「3か月通い湯治モニター」は、頬部皮膚水分量が増加する傾向が示されたことから、今後も温泉通いを続けることで保湿の基本となる皮膚バリア機能が高められる可能性も示唆されます。

9月上旬から12月上旬にかけての肌の乾燥期にもかかわらず頬の水分量が増加傾向を示したことは、榊原温泉の優位性を示唆するものと考えてもよさそうです。

2．女性の頬の水分量が増加した！

いま見たように、「3か月通い湯治モニター」25人の頬の水分量は、平均で35・2％から35・5％にわずかながら増加傾向を示しました。

内容をもう少し詳しく見てみましょう。モニター25人中全体の56・0％に相当する14人が湯治終了時に頬の水分量が増加していました（【図表11】【図表12】）。12人いた女性モニターにかぎると、その割合は増え、58・3％に相当する7人の水分量が増加していることが判明したのです。女性の開始前の水分量は平均で34・2％であったのに対し、終了時には36・9％に増加していたのです。2・7％もの増加です。頬の水分量を増加させることは容易(やさし)

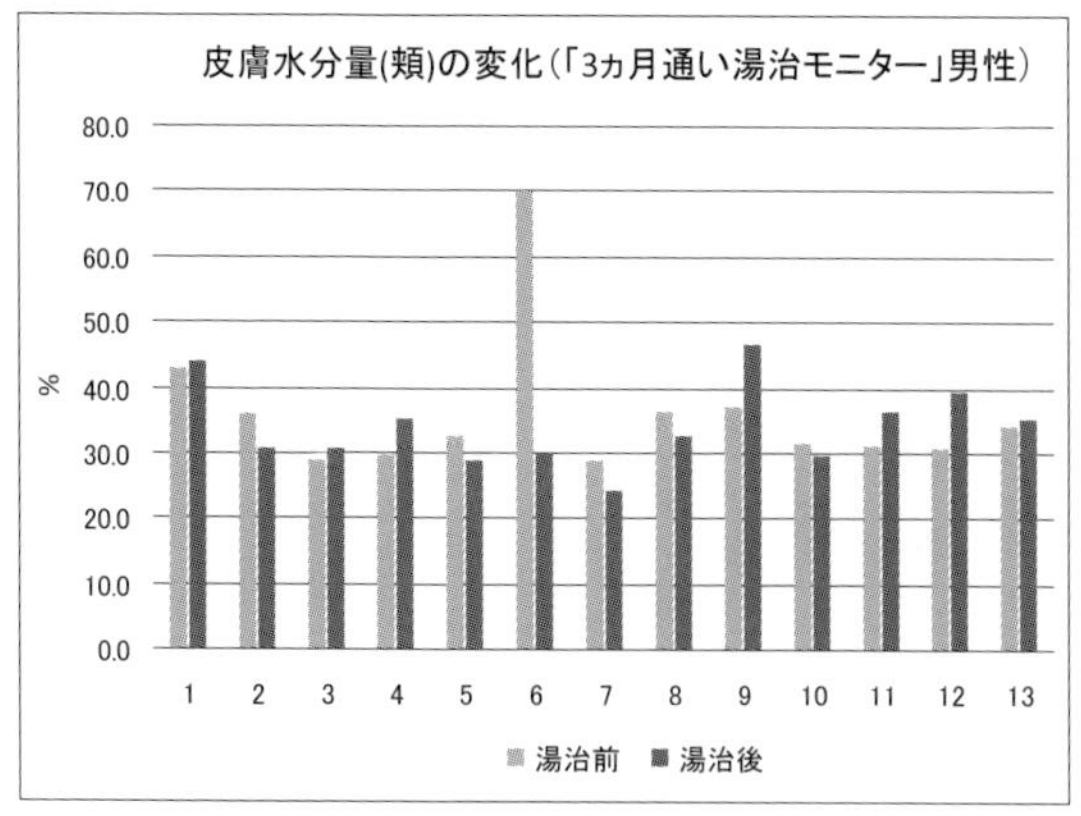

【図表11】「３か月通い湯治」男性モニター個別

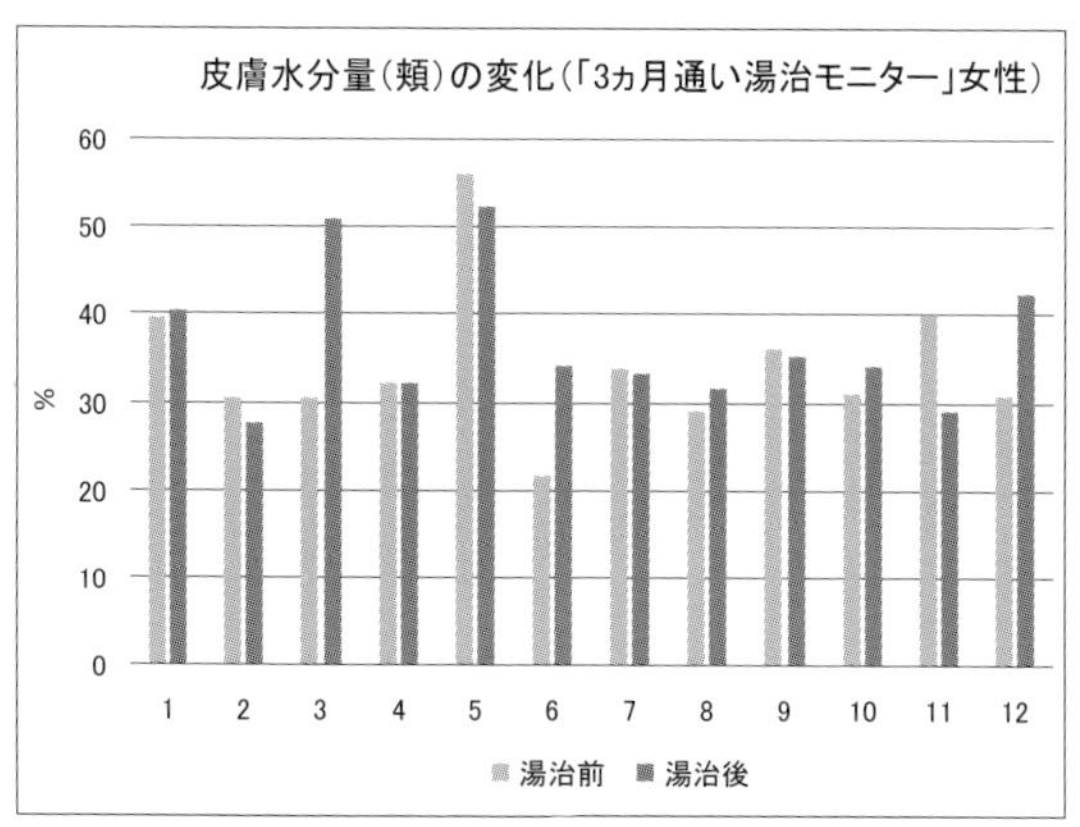

【図表12】「３か月通い湯治」女性モニター個別

くはありませんので、正直、これは驚きです。

一方、13人の男性モニターでは、36・1％から34・1％に減少しています。2・0％の減少です。ただし、**男性モニターも個別に検証してみると（【図表11】）、実は13人のモニター中、半数を超える53・8％に相当する7人で頬の水分量が増加していたのです。**

これまで私たちが行ってきた他の温泉地での検証からも、**特に頬の水分量を増やすことは難しいことです。頬の水分量を増やすことができたケースは、長湯温泉（大分県）と俵山温泉（山口県）だけでした。それだけに榊原温泉における今回の検証は貴重なケースと思われます。ちなみに榊原温泉の後に行った佐賀県古湯温泉、長野県昼神温泉、鹿児島県妙見温泉でも、頬の水分量増加が確認されました。榊原のような〝ぬる目〟の湯がポイントです。**

榊原温泉での「4泊プチ湯治モニター」の実証実験からもわかることは、たとえ4泊の短期とはいえ、1日に3回入浴する湯治ではどうしても発汗作用を繰り返すことになり、水分が失われがちです。そのうえ榊原は還元作用に優れた温泉であるため、新陳代謝が並の温泉より促進されます。

事実、先の「3．温泉浴による血流量の変化を検証する」で見たように、モニターの両群ともに抹消血管の最高血流速度も平均血流速度も顕著に増加しています。したがって、集中的に入浴するプチ湯治では、どうしても水分が失われることはこれまでの私たちの調査からも確認されています。

では、**なぜ「3か月通い湯治モニター」の水分量が増加したのでしょうか？　温泉水が化粧水のレベルを越えて、肉体的に健康な状態、本来あるべき姿に近づけた、より戻した、すなわち〝温泉の正常化作用〟がもたらせた結果と考えられます。皮膚細胞が活性した、と。**

4層構造から成る表皮の一番下の層、基底層で新たにできた細胞が徐々に成長しながら上の層へ上がり、一番上の角質層で垢（あか）となって剥（は）がれ落ちるまで、約4週間を要します。細胞の新陳代謝です。この営みを「ターンオーバー」と称します。**したがって、「3か月通い湯治」というスパーンで考えると、この間、3回のターンオーバーを経ていることになります。**

ただし末梢血管の血流に滞りが生じると、皮膚細胞に新しい酸素や栄養が補給されにくくなり、また解毒もスムーズに行きにくくなると言われています。その結果、ターンオーバーの間隔が延び、細胞の新陳代謝も遅くなり、角質層が固くなります。

単に温泉水に接している肌だけでなく、温泉に能力があれば内臓を中心に全身が質的に健康な状態に変化しているはずです。このことは「5．榊原温泉で〝万病の元〟の『活性酸素』を抑制、除去できた！」以降の、採血による活性酸素代謝物の増減、抗酸化能力の増減、あるいは唾液の検査結果などからも知ることができます。

改めて【図表11】と【図表12】の「3か月通い湯治モニター」の類の水分量の男女別変化を比較すると、女性は温泉を頬に当てながら入浴しているのか、日常の意識の違いなのか、男性とはかなり差があることがわかります。この傾向は、これまで検証を行ってきた他の温泉地においても、ほぼ同様でした。

3.「3か月通い湯治」女性モニターへの「肌に関する」アンケート

湯治終了後に、「3か月通い湯治」の女性モニターに対して、肌に関して質問をしました。回答をすべてそのまま記載します。

質問：「榊原温泉は〝美肌の湯〟と言われております。通い湯治をして、肌の保湿、ツヤ、ハリなどに何か変化はありましたか？　出来るだけ具体的にご記入ください」

・肌の診断を受けたが、夏の紫外線を浴びストレスがあったにも関わらず、肌質を維持

できたのは温泉効果かと思う。友人にツヤがあると言われたことが、数回あった。

・肌によいということで、源泉で作った化粧品を使用したが、少しだけツヤが良くなったと思います。

・肌がツヤツヤになりました。

・**普段からすごくお手入れをしているわけではないですが、周りから肌がきれいになったとか、あまり化粧してなくても、化粧したようにいわれるようになりました。自分でもツルスベになってうれしいです。**

・**肌はすべすべになり、そのまま寝ても平気でした。名古屋から週1、2回来ている方は、しみが消えたと言われていました。**

・手の甲がつるつるでハリがあるように感じました。

・特にない。

・季節によって、乾燥肌になってカサカサしていましたが、今年はまだカサカサ感がありません。

・表面がつるつるになりました。ツヤもあるかもしれません。

・**冬が近づいてきても乾燥しにくくなった。化粧のノリが良くなった。**

・源泉に20分以上浸かっていられるようになり、肌のしつとり感が増した。

・踵のガサガサ、手の荒れがなく、内もものカサカサもなく、触れる肌がサラサラと気持ち良かった。
・肌のしっとり感、ハリが良くなった。
・肌がスムーズ。乾燥知らずな感じ。
・肌がスベスベで乾燥しなくなった。
・肌がツルツルです。
・肌の表面がスベスベになったような気がする。

モニターに共通した感想は「肌がすべすべになり、しっとり感やツヤだ出た」ことと、「乾燥する季節になっても肌が乾燥しなくなった」ことであることがわかります。

4.「4泊プチ湯治」モニターの「肌に関する」の感想

期間の短い「4拍プチ湯治」の男性と女性のモニターには次のような質問をしました。

質問：「榊原温泉の湯は、肌にはどうでしたか？（複数回答可）」

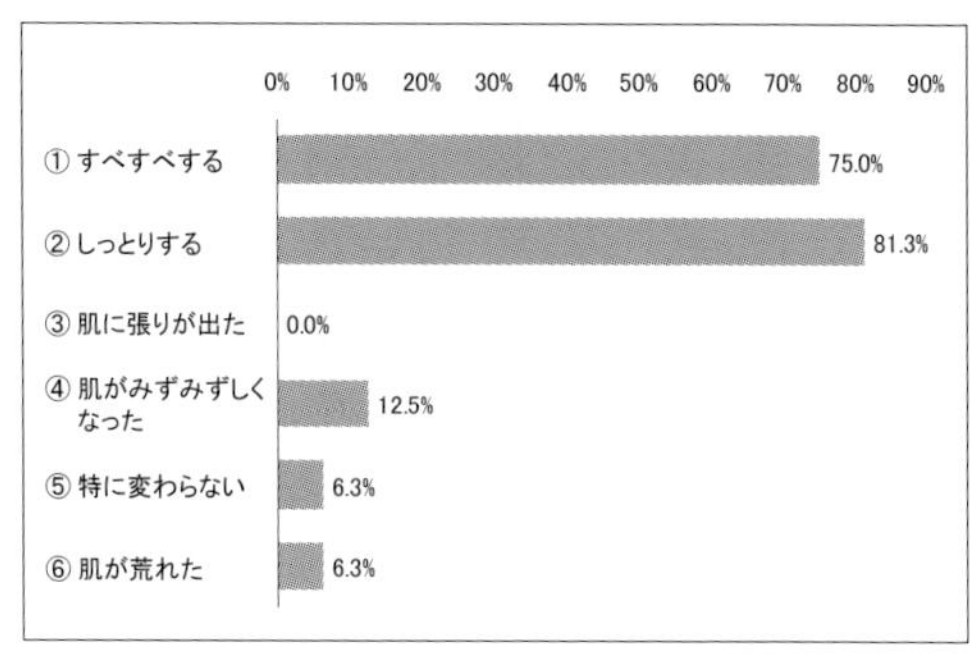

【図表13】「４泊プチ湯治モニター」の肌に関する感想

①すべすべする・・・・・・・・12人（75・0％）
②しっとりとする・・・・・・・13人（81・3％）
③肌にハリが出た・・・・・・・0人（0％）
④肌がみずみずしくなった・・・2人（12・5％）
⑤特に変わらない・・・・・・・1人（6・3％）
⑥肌が荒れた・・・・・・・・・1人（6・3％）

「肌が荒れた」と答えた人は、おそらくはもともと皮膚が弱くpH9台の強アルカリ性の湯に1日3、4回入浴したため、皮膚の修復機能が働かなかったのではないかと思われます。

5. 榊原温泉で〝万病の元〟の「活性酸素」を抑制、除去できた！

1. 人類は活性酸素とのせめぎ合いのなかで生きている

人類は〝活性酸素〟とのせめぎ合いのなかで生きていると言ってもいい状況にあります。化学物質にさらされた環境下においては、活性酸素は老化を含めて〝万病の元〟と言ってもいいからです。私たちの体の中の活性酸素を、いかにして無害化するかが若さを保つ最良の秘訣であると思われます。見た目年齢が寿命の長短につながるというヨーロッパでの研究結果については、すでにふれました。もちろん若々しさは美容にもつながります。

「温泉は若返りの湯」との言葉が昔から日本にも、ヨーロッパにもあります。温泉が活性酸素を抑制し、無害化している可能性があります。皮膚を還元するということは、温泉水が血管やリンパ管に入り込み体の細胞を還元すると考えられるからです。

世界一の長寿の日本人女性の〝健康寿命〟は僅か74歳、男性に至っては71歳です（榊原で入浴モニターによる実証実験を行った2016年現在)。9〜12年間の要介護生活、寝たきり生活、認知症等の原因の多くも活性酸素と言われています。この期間、「不健康な期間」を温泉浴で短縮できないでしょうか。それが可能なら、本人はもとより家族や社会も救われるでしょう。これは〝温泉大国〟日本の課題であると思われます。がん、高血圧、糖尿病、動脈硬化、肥満症などの生活習慣病も、活性酸素が原因であると言われています。もちろん肌のシミ、シワも然り。しかも糖尿病は将来の認知症に繋がることが指摘されています。

現代医学のクスリでは活性酸素を抑えたり、無害化することは難しい。現代医学の基本は活性酸素が原因で発症した疾病を治療する〝治療医学〟だからです。榊原温泉における〝予防医学〟、〝寝たきり(要介護)防止〟の有効性を数値化して評価するために、酸化ストレス防御系の検証を以下の3つの方法で実施しました。

2. 酸化ストレス度(血中活性酸素代謝物量)を測定する〜d-ROMs test

まず「酸化ストレス度測定」を行いました。生体の酸化反応と抗酸化反応のバランスが崩れ、酸化状態に傾き、生体が酸化障害を起こすことを〝酸化ストレス状態〟と称します。

	年齢	湯治前の活性酸素代謝物	湯治後の活性酸素代謝物
1.	40	280	278
2.	61	288	274
3.	63	317	296
4.	75	314	309
5.	72	262	245
6.	60	280	287
7.	53	333	295
8.	38	285	278
9.	56	288	257
10.	53	288	299
11.	58	283	296
12.	65	307	275
13.	65	299	243
14.	50	268	244
15.	64	309	298
16.	61	399	333
平均	58	300	282
			単位: CARR U
		かなり強度の酸化ストレス（501以上）	
		強度の酸化ストレス（401-500）	
		中程度の酸化ストレス（341-400）	
		軽度の酸化ストレス（321-340）	
		ボーダーライン（301-320）	
	黒字のみは正常（200-300）		

【図表14】酸化ストレス度
「4泊プチ湯治」モニター

	年齢	湯治前の活性酸素代謝物	湯治後の活性酸素代謝物
1.	62	257	223
2.	62	283	218
3.	67	360	351
4.	31	221	203
5.	57	312	302
6.	70	228	250
7.	67	329	315
8.	64	299	217
9.	45	263	295
10.	53	384	362
11.	55	307	305
12.	61	308	278
13.	63	219	236
14.	46	333	316
15.	59	306	317
16.	64	274	240
17.	75	253	243
18.	63	266	258
19.	77	360	333
20.	29	230	267
21.	69	271	200
22.	57	283	293
23.	60	253	251
24.	59	307	305
25.	38	263	255
平均	58	287	273
			単位: CARR U
		かなり強度の酸化ストレス（501以上）	
		強度の酸化ストレス（401-500）	
		中程度の酸化ストレス（341-400）	
		軽度の酸化ストレス（321-340）	
		ボーダーライン（301-320）	
	黒字のみは正常（200-300）		

【図表15】酸化ストレス度
「3か月通い湯治」モニター

血液中の活性酸素・フリーラジカルによる代謝物（ヒドロペルオキシド）を分析測定して数値化する評価法です。

（1）「4泊プチ湯治モニター」
湯治前が300±32 CARR Uで湯治後が282±25 CARR Uと減少傾向（p＝0.08）となった。（減少するのが好ましい）

（2）「3か月通い湯治モニター」
湯治前が287±44 CARR Uで湯治後が273±486 CARR Uと減少傾向（p＝0.30）となった。（減少するのが好ましい）

なお単位はCARR U（ユニット・カール）が用いられ、1CARR UはH_2O_2（過酸化水素）0・08mg／dLに相当します。

下に活性酸素代謝物（ROM）のレベルと酸化ストレス総合評価を示します。

ROM level		Oxidative stress
(CARR U)	(mg H_2O_2/dL)	(Severity)
300-320	24.08-25.60	ボーダーライン
321-340	25.68-27.20	軽度の酸化ストレス
341-400	27.28-32.00	中程度の酸化ストレス
401-500	32.08-40.00	強度の酸化ストレス
>500	>40.00	かなり強度な酸化ストレス
正常範囲: 200-300 CARR U		
1 CARR U is equivalent to 0.08 mg H_2O_2/dL		

【図表16】d-ROMテストの結果による酸化ストレスの総合評価（生物試料分析 32(4)、2009引用）

3. 老化や〝万病の元〟と言われる「活性酸素」が大幅に減少した

「d-ROMs test」は活性酸素であるヒドロペルオキシドを定量化する血液検査ですが、「4泊プチ湯治モニター」、「3か月通い湯治モニター」の両群ともに、湯治後で老化や生活習慣病の原因と目されている活性酸素が減少しました。

「4泊プチ湯治モニター」では、湯治開始前の16人の活性酸素代謝物量の平均は300 CARR U（ユニット・カール）で、ぎりぎりの「正常（200〜300）」の範囲内にあり、健康的なモニター群であることが示唆されました。ちなみに「プチ湯治モニター」としては、これまで行った実証実験でもっとも健康的なモニター群でした。それでも4日後のプチ湯治終了時には、活性酸素が6％も減少し、282ユニット・カールと余裕で「正常」の範囲内に収まったのです。

期間の長い「3か月通い湯治モニター」ではどうでしょうか？　湯治開始前の25人の活性酸素代謝物量の平均は287ユニット・カールで、こちらも「正常（200〜300）」に分類されました。「4泊プチ湯治モニター」群よりもさらに健康的なモニター群であったことを示唆しています。湯治によってこれ以上の改善が見込めるのか、前例のないハイレベルな実証実験となりました。

ところが3か月後の結果は、約5・2%減の273ユニット・カールと、こちらもさらに減少し、榊原温泉の「温泉力」は科学的にも優れていることを示唆する結果が得られました。

「プチ湯治モニター」が入浴した「旅館　清少納言」の窓辺に緑迫る男性用大浴場。左奥に「源泉風呂」がある。(撮影：松田忠徳)

いまモニターの平均値で見てきましたが、次に各群のモニター個別に湯治の前後でどう変化したのかをもう少し詳しく検証してみます。

(1)「4泊プチ湯治モニター」の検証

あらためて260〜261ページの**【図表14】**と**【図表16】**を見てください。「旅館　清少納言」に滞在した「4泊プチ湯治モニター」16人の湯治前の活性酸素代謝物量から、「酸化ストレス度」を総合評価すると、モニター中1人(6・3%)が「中程度の酸化ストレス(341〜400)」、同じく1人

（6・3％）が「軽度の酸化ストレス（321〜340）」にそれぞれ分類されていました。

一方、「正常（200〜300）」が10人（62・5％）、比較的健康的な「ボーダーライン（301〜320）」が4人（25％）、で、合わせて14人（87・5％）がほぼ健康群であったと見ることが可能でしょう。

それが湯治終了時の4日後にどうなったでしょうか？

酸化ストレス度	湯治前		湯治後
「かなり強度の酸化ストレス」	0％	↓	0％
「強度の酸化ストレス」	0％	↓	0％
「中程度の酸化ストレス」	6・3％	↓	0％
「軽度の酸化ストレス」	6・3％	↓	6・3％
「ボーダーライン」	25・0％	↓	6・3％
「正常」	62・5％	↓	87・5％

このように平均ではなく個別のモニターを見ると、わずか4日間とはいえ、プチ湯治で老化や〝万病の元〟とも言われる活性酸素がいかに減少したかがよくわかります。

湯治開始前の〝マス層〟は健康的な「正常」（62・5％）であったのですが、プチ湯治終了時にはさらに増加して「正常」がモニター16人中14人、全体の87・5％を占めるに至ったのです。残りは「軽度の酸化ストレス」1人（6・3％）と「ボーダーライン」1人（6・3％）でした。健康的な「正常」と「ボーダーライン」を合わせると、なんと16人中15人、93・8％を占めます。

〝予防医学〟としても、榊原温泉の有効性が示唆される結果となりました。しかも4泊という短期間であることを考慮すると、かなり〝効率的〟と言えそうです。

（2）「3か月通い湯治モニター」の検証

再度260～261ページの【図表15】と【図表16】を見てください。「湯元榊原舘」併設の日帰り入浴施設「湯の庄」に週2回のペースで3か月間入浴した「通い湯治モニター」25人は、酸化ストレス総合評価によると、プチ湯治モニター群よりさらに血中活性酸素は少なく、すでに湯治の開始前に健康的な「正常（200～300）」に分類されていました。

モニター個々に見ると、「正常（200～300）」が15人（60％）、「ボーダーライン（301～320）」が5人（20％）を占め、健康的なモニターでした。残りは「中程度の酸化ストレス度」で3人（12％）と「軽度の酸化ストレス度（321～340）」2人（8％）

です。

湯治終了時の約3か月後の採血による活性酸素代謝物量がどうなったでしょうか？

酸化ストレス度	湯治前	湯治後
「かなり強度の酸化ストレス」	0％	↓ 0％
「強度の酸化ストレス」	0％	↓ 0％
「中程度の酸化ストレス」	12・0％	↓ 8・0％
「軽度の酸化ストレス」	8・0％	↓ 4・0％
「ボーダーライン」	20・0％	↓ 20・0％
「正常」	60・0％	↓ 68・0％

「3か月通い湯治モニター」群では、「中程度の酸化ストレス」が3人から2人（8％）に、「軽度の酸化ストレス」が2人から1人（4％）に減少しています。

一方、「正常」域内は15人（60％）から17人に、全体の68％を占めるまでに増えました。5人（20％）の「ボーダーライン」と合わせると、25人中22人のモニターが健康的になったと言えます。全体の88％を占めます。

改めて〝予防医学〟としての榊原温泉の有効性を示唆する結果となりました。

なお体内の過剰な活性酸素を減らすと、老化のスピードを遅らせ、がんの発症率も下がることがさまざまな動物実験で確認されています。したがって、榊原温泉における短期間のプチ湯治、及び定期的な入浴はともに効果的と言えそうです。

6. 疾病に打ち克つ抗酸化能の測定(BAP test = Biological Antioxidant Potential test)

血液中には過剰に発生した活性酸素・フリーラジカルに対抗する抗酸化物質が多数存在しています。

内因性抗酸化物質として、アルブミン、トランスフェリン、セルロプラスミン、ビリルビン、尿酸、還元グルタチオンなど、外因性抗酸化物質として、トコフェロール、カロテン、ユビキノン、アスコルビン酸、メチオニン、フラボノイド、ポリフェノールなどがあります。

「BAP test（抗酸化能測定）」は、これらの血液中抗酸化物質が活性酸素・フリーラジカルに電子を与え、酸化反応を止める還元力を総合的に評価したものです。簡単に言い換えると、「過剰な活性酸素・フリーラジカルに打ち克つ力」をテストするものです。

具体的には、Fe（Ⅲ）を含む試薬に血漿を混ぜると、抗酸化物質の作用でFe（Ⅱ）に還元され、脱色するので、この色の変化を光度計で測定し、血漿の抗酸化能を評価する方法です。

その結果を数値化したのが【図表17】です。

（正常域　＝　2200 ～ 4000μmol/L）

2200　以上	適値
2200　～2000	ボーダーライン
2000　～1800	抗酸化力がやや不足
1800　～1600	抗酸化力が不足
1600　～1400	抗酸化力がかなり不足
1400　以下	抗酸化力が大幅に不足

【図表17】BAP テストの結果による抗酸化力の総合評価（FREE SYSTEM Procedures 引用）

1．入浴により疾病を防ぐ抗酸化能は高まったか？

今回のモニターによる検査結果は以下の通りでした。（270ページの【図表20】【図表21】参照）

1.「4泊プチ湯治モニター」

湯治前が2105.7±269.1 μmol/Lで湯治後が2892.5±329.1 μmol/Lと有意に増加（$p<0.01$）した。（有意に増加するのは理想的）

2.「3か月通い湯治モニター」

湯治前が2179.4±112.0 μmol/Lで湯治後が2479.9±259.2 μmol/Lと有意に増加（$p<0.01$）した。（有意に増加するのは理想的）

＊ μmol（マイクロモル）のmolは物質量の単位を示します。

このように抗酸化能（力）は両群ともに有意に増加し、モニター平均でともに「ボーダーライン」から「適値」に上がっています。特に「4泊プチ湯治モニター」では、16人全員（100％）の抗酸化能が「適値」の領域に、しかもモニター平均で2892・5マイクロモルというハイレベルでの適値クリアでした。

4日間で抗酸化能が約35％も増加したということです。ちなみ

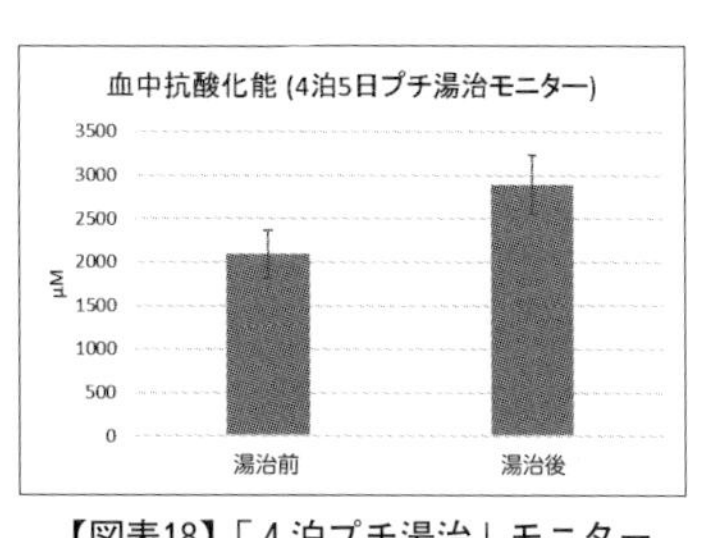

【図表18】「4泊プチ湯治」モニター

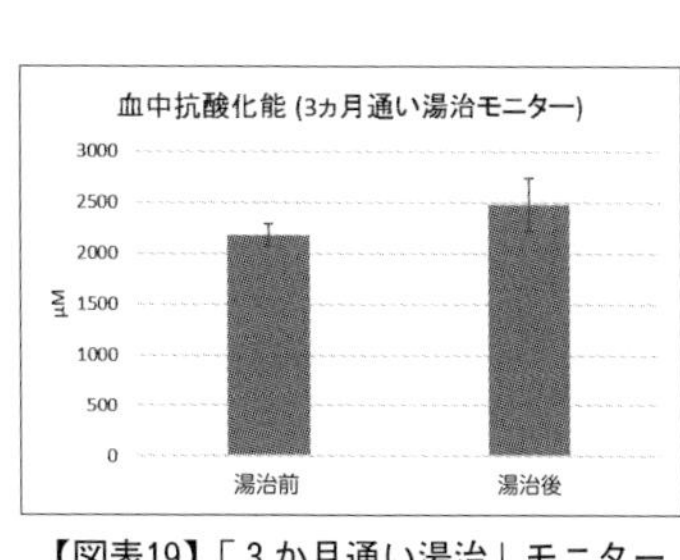

【図表19】「3か月通い湯治」モニター

	年齢	湯治前の抗酸化力	湯治後の抗酸化力
1.	40	2286.7	3011.7
2.	61	2078.3	2904.5
3.	63	2180.3	3046.5
4.	75	2246.8	3197.9
5.	72	2235.6	2887.3
6.	60	2296.5	2843.2
7.	53	2240.6	2820.0
8.	38	2101.9	3018.1
9.	56	2161.0	3861.9
10.	53	1303.8	2807.3
11.	58	2313.0	2566.1
12.	65	2391.7	2716.1
13.	65	1723.0	2976.6
14.	50	1938.3	2604.2
15.	64	2167.3	2475.9
16.	61	2026.0	2542.9
平均	58	2105.7	2892.5
			単位：μmol/L
		抗酸化力が大幅に不足（1400以下）	
		抗酸化力がかなり不足（1400−1600）	
		抗酸化力が不足（1600−1800）	
		抗酸化力がやや不足（1800−2000）	
		ボーダーライン（2000−2200）	
	黒字のみは適値（2200以上）		

【図表20】「４泊プチ湯治」モニター

	年齢	湯治前の抗酸化力	湯治後の抗酸化力
1.	62	2009.5	2391.7
2.	62	2148.7	2338.6
3.	67	2180.9	2333.5
4.	31	2120.0	2171.7
5.	57	2243.3	2305.1
6.	70	1987.3	2468.0
7.	67	2117.6	2307.5
8.	64	2198.6	2497.4
9.	45	2308.4	2212.3
10.	53	2080.9	2065.7
11.	55	2335.7	2443.0
12.	61	2084.4	2504.6
13.	63	2118.9	2629.5
14.	46	2099.7	2356.3
15.	59	2064.0	2771.7
16.	64	2212.7	2272.8
17.	75	2279.8	2304.0
18.	63	2309.3	2393.5
19.	77	2132.8	2395.3
20.	29	2177.8	2500.0
21.	69	2087.0	2444.2
22.	57	2257.9	2962.9
23.	60	2321.9	3161.1
24.	59	2156.2	2723.3
25.	38	2450.5	2919.2
平均	58	2179.4	2474.9
			単位：μmol/L
		抗酸化力が大幅に不足（1400以下）	
		抗酸化力がかなり不足（1400−1600）	
		抗酸化力が不足（1600−1800）	
		抗酸化力がやや不足（1800−2000）	
		ボーダーライン（2000−2200）	
	黒字のみは適値（2200以上）		

【図表21】「３か月通い湯治」モニター

に「適値」は２２００マイクロモル以上ですから、この基準を約32％も上回っていることになります。抗酸化能は普段は野菜、果物、海藻類等による食生活と適度な運動によって得られると言われていますが、榊原の湯ではこのようにハイレベルの抗酸化能の取得を実現したことを示唆する結果を得られました。

一方、「３か月通い湯治モニター」の方も、湯治前の平均で２１７９・４マイクロモルから２４７４・９マイクロモルに増加し、モニター

25人中23人が「適値」に到達しています。約13％弱の増加です。

ちなみに酸化ストレス度が低くても、抗酸化力の低い人、逆に酸化ストレス度が高くても、抗酸化力の高い人がいるようです。

「生活習慣病の内因的な要素（遺伝、疾患そのものの重篤性、睡眠障害）はd-ROM test値によく反映し、食事内容（量、質）など外因性要素はBAPtest値によく反映していた。疾病により野菜などの抗酸化食品の摂取が困難になると、BAPtest値は低下するようである」（永田ら、２００８）。

2．モニターを個別に検証する

両群のモニターを個別にもう少し詳しく検証してみます。

（1）「4泊プチ湯治モニター」の検証

「旅館　清少納言」におけるモニター16人の湯治前の抗酸化能（力）は平均で２１０５・７マイクロモルで、**【図表20】**を見ておわかりのように、「ボーダーライン（２０００－２２

00）」に分類されました。それがわずか4日後には約35％増の2892・5マイクロモルに、1ランク改善され「適値」の範囲内に収まっただけではなく、すでに見たように適値の最低ラインを約32％も大幅に上回ったのです。その内容をモニター個別に検証してみましょう。

湯治開始前には「抗酸化力が大幅に不足（1400以下）」に1人（6・3％）属していましたが、4日後には「適値」に5ランクも飛躍的に改善されています。湯治開始前には「抗酸化力やや不足（1800－2000）」に2人（12・5％）いましたが、4日後にはこれまた全員が「適値」に2ランク改善されています。さらに「ボーダーライン（2000－2200）」の6人（37・6％）も全員が「適値」に収まったのです。

また湯治開始前に「適値」のモニターは7人、全体の43・8％であったのに対して、わずか4日後には16人全員が「適値」、100％と、飛躍的な温泉療養効果を得たことになります。榊原の湯は極めて優れたコストパフォーマンスと言えそうです。

抗酸化力	湯治前	湯治後
「抗酸化力が大幅に不足」	6・3％	0％
「抗酸化力がかなり不足」	0％	0％
「抗酸化力が不足」	0％	0％

「抗酸化力がやや不足」	12・5%	0%
「ボーダーライン」	37・5%	0%
「適値」	43・8%	100%

(2)「3か月通いモニター」の検証

「湯元榊原舘　湯の庄」におけるモニター25人の湯治前の抗酸化能(力)は平均で2179・4マイクロモルで、【図表21】を見るとおわかりように、「4泊プチ湯治モニター」同様に、「ボーダーライン(2000−2200)」に分類されていました。それが3か月の湯治終了後には、モニター平均で約13%弱増の2474・9マイクロモルに改善され、「適値」の範囲内に達しただけでなく、基準の最低ラインを約14%も上回ったのです。その内容をモニター個別に検証してみましょう。

湯治開始前には、「抗酸化力がやや不足(1800−2000)」は1人(4%)だけで、残りは「ボーダーライン」に15人、全体の60%を占めており、もともと健康に対しての意識の高いモニター群であったようです。そのためか3か月後には、湯治開始時にいた9人(36%)

の「適値」のモニターを含め、全モニター25人中23人、92％が「適値」に到達していました。

なお「通いモニター」は仕事も含めた日常生活、食生活、喫煙、飲酒等は従来どおりで、週に2回榊原温泉に通っていただく点だけが異なっていたことをつけ加えておきます。

抗酸化力	湯治前	湯治後
「抗酸化力が大幅に不足」	0％	0％
「抗酸化力がかなり不足」	0％	0％
「抗酸化力が不足」	0％	0％
「抗酸化力がやや不足」	4％	0％
「ボーダーライン」	60・0％	8％
「適値」	36・0％	92・0％

（3）野菜の代わりに、榊原温泉で抗酸化能を高められる。プチ湯治による密度の濃い入浴は一層効果がある

「4泊プチ湯治モニター」、「3か月通い湯治モニター」の両群ともに、抗酸化能（力）

は顕著に増加しただけでなく、前者は16人のモニター全員が「適値」になり、後者も25人中23人が「適値」、残り2名の「ボーダーライン」を含めると全員が「疾病に打ち克つ、あるいは活性酸素を防ぎ発病を予防する」抗酸化能（力）を獲得できた可能性を示唆する結果となりました。

榊原温泉での入浴で、活性酸素を防御する抗酸化能を高めることが確認されたと思われ、短期間の保養客だけではなく、地域住民の疾病の予防、健康寿命の延伸に寄与することを示唆したものとも考えられます。

3．驚異的な抗酸化能を得た〝榊原温泉湯治〟

抗酸化能は【図表17】にも示したように2200マイクロモル以上が「適値」です。ところが1日に原則3回の入浴による密度の濃い「プチ湯治」では、「適値」の基準を約14％も上回る2500マイクロモル以上がモニター16人中15人、全体の約93・8％を占めたのです。

その内、「適値」の基準を約37％も上回る3000マイクロモル以上のモニターは、最高値の3861・9マイクロモルを筆頭に5人、全体の約31・3％を占めるという驚くべき結果が得られました。

一方、「通い湯治」の方はどうか？　２５００マイクロモル以上のモニターは25人中８人、全体の32％で、その内３０００マイクロモルを上回ったモニターは１人（４％）でした。

改めて【図表20】と【図表21】を見てください。湯治終了時に３０００マイクロモル以上になったモニターは、

・「４泊プチ湯治モニター」では、０人から、４人、31・３％を占めました。

ちなみに「適値」ラインを約14％上回る２５００マイクロモル以上のレベルで見ると、０人から15人、93・８％と、劇的に増加したことを勘案すると、榊原におけるプチ湯治の「効率の良さ」を大いに示唆していると言えるでしょう。

・「３か月通い湯治モニター」では、０人から、１人、全体の４％を占めました。同様に２５００マイクロモル以上のレベルで見ると、０人から８人と全体の32％を占めています。**地域住民の予防医学としての定期的な温泉浴の有効性を示唆していると言えます。**

今回のように「プチ湯治」で抗酸化能（力）がこれほど短期間に増加したケースは初めてのことでした。しかもいま見てきたように、**モニター平均で全員が「適値」域に収まっ**

ただけでなく、2475・9マイクロモルの1人のモニターを除いて残り全員が2500マイクロモルを超えるというハイレベルの成果を収めています。

このことは今後、これまでの1泊型の温泉地から、大都市のリタイア組を主たるターゲットとした連泊滞在型の〝療養の温泉〟としての新たな商品開発の可能性を高め、他の温泉地との〝差別化〟をはかるうえでも、今回の検証は大きな成果であったと思われます。

榊原温泉での実証実験で、BAPtest値の低い、すなわち抗酸化能（力）の低いモニターを「温泉力」によって回復、あるいは高いレベルまで増強できる可能性を確認できました。現代人の野菜不足が叫ばれるなか、このことは注目すべき実証結果と言えるでしょう。

湯治によって抗酸化能（力）を高められるということは、健康を回復する能力を得たと言うことです。榊原温泉の科学的なポテンシャル（潜在能力）を探るうえで極めて有益な検証結果ということができます。

じつは私たち日本人の祖先は、特に江戸時代から明治、大正、そして昭和40年代（1965〜1974年）ごろまで、年に複数回定期的に〝湯治〟を行っていましたが、その理由の一端を榊原温泉の温泉療養効果の実証実験の結果からうかがい知ることができます。そうです、〝予防医学〟としての湯治だったのです。〝予防湯治〟！　だったのです。

「正月明けに榊原へ湯治に行けなかったので、今年はどうも風邪を引きやすい」というような会話は、かつては全国のどこでも耳にしたものです。ただ、残念なことに半世紀前と比べ温泉施設の数は増えたものの、温泉の乱開発等による湯質の低下により、榊原の湯のように効能の高い〝還元系の温泉〟は著しく減少しています。それだけに榊原温泉の最大の魅力、持ち味は、その類い稀なる〝抗酸化力〟にあったことが、今回の実証実験によって科学的に確認されたと言えます。

7. 湯治後の「潜在的抗酸化能」を検証する
～温泉浴でどれだけ健康になったかを指標化する

臨床的には「d-ROMs test」値は「酸化ストレスそのものの大きさ」、「BAP test」値は「生体のもつ包括的な抗酸化力」を示すと考えられます。

さらに3つ目として、「湯治によって、〝健康度〟が具体的にどう高まったのかを数値化した」のが、「d-ROMs test 値/BAP test 値比（係数）」です。ここで得られる数値は「潜在的抗酸化能」と考えて差し支えないでしょう。

言い換えると、「榊原温泉で保養、湯治をして、具体的に健康度がどれだけ高まったか」を数値化したものです。

1．潜在的抗酸化能：BAP/d-ROMs比

1．「4泊プチ湯治モニター」
湯治前が7.1±1.1で湯治後が10.4±1.7と有意に増加（$p<0.01$）した。（有意に増加するのが理想的）

2．「3か月通い湯治モニター」
湯治前が7.8±1.3で湯治後が9.3±1.8と有意に増加（$p<0.01$）した。（有意に増加するのが理想的）

【図表22】と【図表23】の淡い灰色の帯のモニターは、榊原温泉での「4泊プチ湯治」、及び「3か月通い湯治」によって、潜在的抗酸化能、つまり湯治を開始する前よりも「疾

4泊5日プチ湯治モニター(湯治後)

	活性酸素代謝物	抗酸化能	BAP/d-ROM比	修正BAP/d-ROMs比(修正比)
1.	278	3011.7	10.8	1.3
2.	274	2904.5	10.6	1.5
3.	296	3046.5	10.3	1.5
4.	309	3197.9	10.3	1.4
5.	245	2887.3	11.8	1.4
6.	287	2843.2	9.9	1.2
7.	295	2820	9.6	1.4
8.	278	3018.1	10.9	1.5
9.	257	3861.9	15.0	2.0
10.	299	2807.3	9.4	2.1
11.	296	2566.1	8.7	1.1
12.	275	2716.1	9.9	1.3
13.	243	2976.6	12.2	2.1
14.	244	2604.2	10.7	1.5
15.	298	2475.9	8.3	1.2
16.	333	2542.9	7.6	1.5
平均	282	2893	10	1.5

＊湯治後修正比は湯治後BAP/d-ROMs比を湯治前BAP/d-ROMs比で除したもの。つまり1以上は湯治前に対し潜在的抗酸化能が高まったことを意味し、かつ何倍高まったかを表す。

潜在的抗酸化能が高まった方

【図表22】「４泊プチ湯治」モニター

病に打ち克つ能力を新たに獲得した」ことを示しています。

よく「温泉に入ると癒やされる」とか「温泉に入って元気になった」などという言葉を、日本人は日常的に使用していますが、「潜在的抗酸化能」の検証は、「温泉に入って果たして科学的に健康になったのか？」の指標を数値で示したもの。つまり入浴する前を「1・0」として、変わりなければそのまま「1・0」、1・5倍になれば「1・5」というように。逆に「0・9」は何らかの理由で湯治を始める前より健康度が低下したことを示します。

3ヵ月通いモニター(湯治後)

	活性酸素代謝物	抗酸化能	BAP/d-ROM比	修正BAP/d-ROMs比(修正比)
1.	223	2391.7	10.7	1.4
2.	218	2338.6	10.7	1.4
3.	351	2333.5	6.6	1.1
4.	203	2171.7	10.7	1.1
5.	302	2305.1	7.6	1.1
6.	250	2468.0	9.9	1.1
7.	315	2307.5	7.3	1.1
8.	217	2497.4	11.5	1.6
9.	295	2212.3	7.5	0.9
10.	362	2065.7	5.7	1.1
11.	305	2443.0	8.0	1.1
12.	278	2504.6	9.0	1.3
13.	236	2629.5	11.1	1.2
14.	316	2356.3	7.5	1.2
15.	317	2771.7	8.7	1.3
16.	240	2272.8	9.5	1.2
17.	243	2304.0	9.5	1.1
18.	258	2393.5	9.3	1.1
19.	333	2395.3	7.2	1.2
20.	267	2500.0	9.4	1.0
21.	200	2444.2	12.2	1.6
22.	293	2962.9	10.1	1.3
23.	251	3161.1	12.6	1.4
24.	305	2723.3	8.9	1.3
25.	255	2919.2	11.4	1.2
平均	273	2474.9	9.3	1.2

＊湯治後修正比は湯治後BAP/d-ROMs比を湯治前BAP/d-ROMs比で除したもの。つまり1以上は湯治前に対し潜在的抗酸化能が高まったことを意味し、かつ何倍高まったかを表す。

（網掛け）潜在的抗酸化能が高まった方

【図表23】「３か月通い湯治」モニター

（1）「4泊プチ湯治モニター」の潜在的抗酸化能

潜在的抗酸化能、つまり「新たに獲得した疾病に打ち克つ能力」は、プチ湯治開始前と比較して、モニター平均で1・5倍にも増加しました。

【図表22】を見てモニター個別に検証すると、16人中16人全員（100％）のモニターが1・1倍以上に増えています。その内13人（81・3％）が1・3倍以上、8人（50％）が1・5倍以上、さらには3人（18・8％）がなんと2・0倍以上も増加しています。最大の伸びは2・1倍で2人いました。「極めて高い療養効果だった」と言えそうです。

これらの数字は、プチ湯治モニターの100％が4日間で飛躍的に健康度を高めたことを示唆しています。

・1・1倍以上に潜在的抗酸化能が高まった＝16人（全体の100％）
・1・3以上に潜在的抗酸化能が高まった＝13人（全体の50％）
・2・0倍以上に潜在的抗酸化能が高まった＝3人（全体の18・8％）

短期間の「プチ湯治」において、潜在的抗酸化能、つまり温泉療養効果がモニター平均で1・5倍にもなったケースは、これまで私たちが実施してきた10か所以上の温泉地で1、2番目の成績で、改めて歴史的名湯の「温泉力」の高さを認識しました。

（2）「3か月通い湯治モニター」の潜在的抗酸化能

一方、「通い湯治モニター」群では、モニター平均で1・2倍に高まりました。25人のモニター中、23人が1・1倍以上、つまり通い湯治開始前より「疾病に打ち克つ」潜在的抗酸化能が高まったことを示唆しています。じつに92％のモニターの潜在的抗酸化能が増加し、榊原温泉における持続的温泉療養効果が実証されたと言えそうです。その中でも8人（32％）の「潜在的抗酸化能」は1・3倍以上、2人（8％）が1・5倍以上も増加しています。最大の伸びは1・6倍で、2人いました。

一方、1人（4％）が変化なし、1人（4％）が若干低下し、0・9倍という結果となっています。原因は不明ですが、先にも述べたように3か月のモニター期間中、仕事、食生活、飲酒、喫煙等は従来通りで、異なる点はこの間、原則週2回「湯元榊原舘　湯の庄」に入浴に来ることが義務づけられたことです。したがって、場合によってはこの間の生活が何らかの影響を与えた可能性も考えられます。

・1・1倍以上に潜在的抗酸化能が高まった＝23人（全体の92％）
・1・3以上に潜在的抗酸化能が高まった＝8人（全体の32％）
・1・5倍以上に潜在的抗酸化能が高まった＝2人（全体の8％）

2. 入浴モニターは、果たしてモニター期間中に健康度の高まりを実感できていたのか？

日本人は世界でも稀有な温泉好きの民族ですから、湯質、温泉のレベルに対する感性も相当に優れたものがあるに違いありません。その最たるものは肌への感触や匂いではないかと思われます。

今回の実証実験の舞台となった榊原温泉は、pH9台のアルカリ性単純温泉で、ぬめりの成分であるメタケイ酸の含有量が多いため、シルクの感触の湯はモニターの好感度を大いに高めたようです。そうした印象も、科学的な結果に無視できない要素となると考えられます。

湯質に関して、「4泊プチ湯治モニター」では、1人を除き、93・8％のモニターが「非常に良い」（56・3％）か「良い」（37・5％）と答えています（【図表24】）。一方、「3か月通い湯治モニター」では、87・5％が「非常に良い」（50％）か「良い」（37・5％）と答え

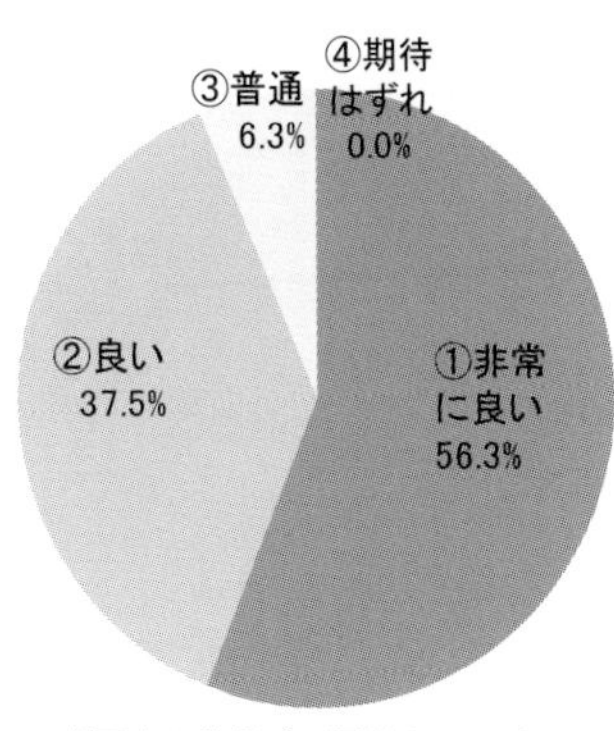

【図表24】「プチ湯治」モニター

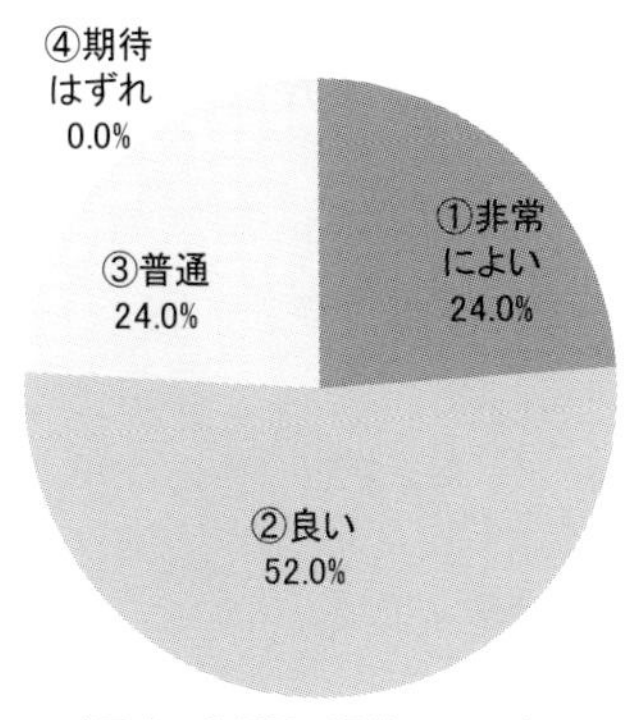

【図表25】「通い湯治」モニター

ています（【図表25】）。ちなみに**「4泊プチ湯治」と「3か月通い湯治」では、それぞれ入浴施設も源泉も異なっていることを改めてつけ加えておきます。**

では、入浴によって「体調が良くなった」と、どの程度実感できるものなのでしょうか？ 今回のような「3か月通い湯治」モニターの場合は、仕事、食生活などの日常生活は従来通りで、しかも3か月もの期間があったことを考慮すると、温泉が体調に何らかの影響を及ぼしているか否かはかなり実感できるに違いないと思われます。

「体調に変化はありましたか？」との質問に対して、意外にも「4泊プチ湯治モニター」で、「良くなった感じ」と答えたモニターが68・8％もいました。「変わりない」は31・3％で、「悪くなった」は0％でした（【図表26】）。

先に見てきたように、採血による「4泊プチ湯治モニター」の科学的な検査の結果は非常に良かった。しかもモニター終了時に、多くのモニターがこの結果を感じて

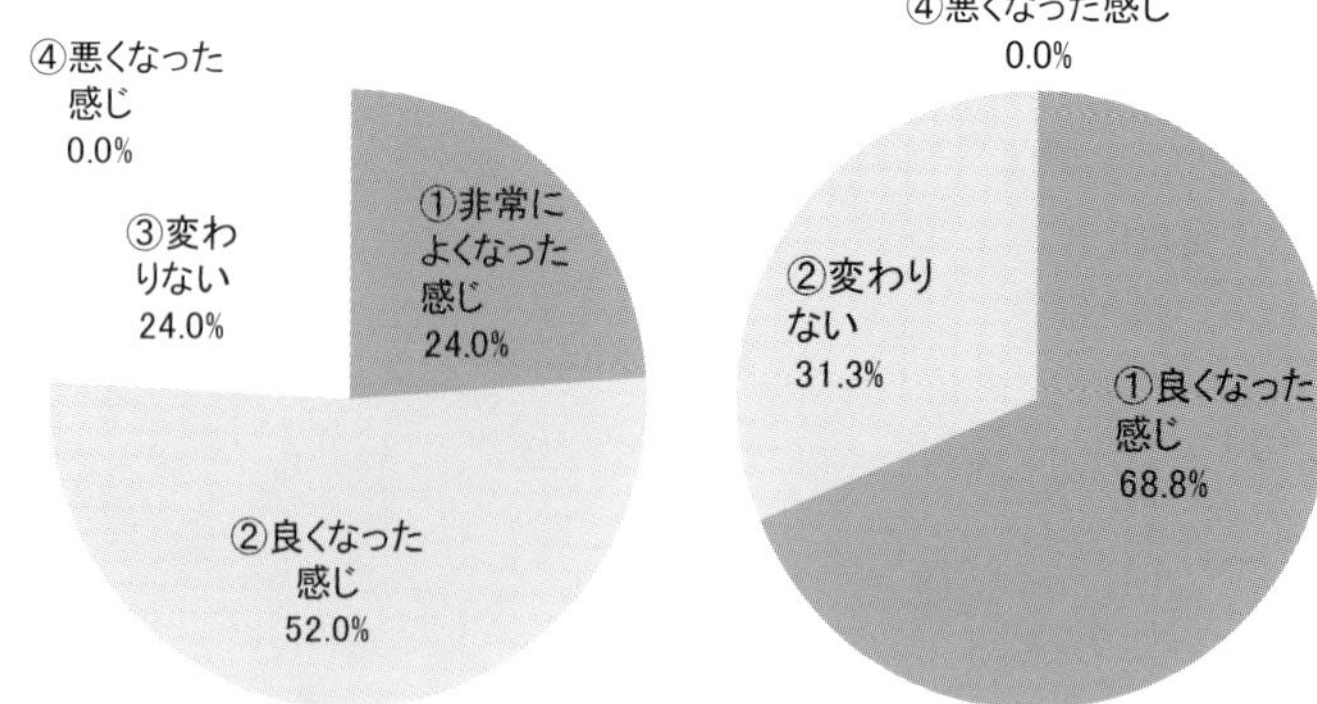

【図表26】「４泊プチ湯治モニター」への「体調に変化がありましたか？」との質問に対する回答。68.8%が「良くなった感じ」と答えた。「悪くなった」は０%。

【図表27】「通い湯治モニター」への同じ質問に対して「非常に良くなった」、「良くなった」が76.6%を占めた。「悪くなった」は０%。

いたことも確認できました。

一方、期間が長かった**「3か月通い湯治モニター」では、24・0%のモニターが「非常に良くなった感じ」、また52・0%が「良くなった感じ」と回答していました。合わせて76%ものモニターが湯治効果、温泉効果を実感していたことがわかります。**実際に医学的に好結果が得られたことはすでに見てきた通りです。なお24・0%は「変わりない」と回答しています（**【図表27】**）。

「体調に変化が感じられる」と答えたモニターに、「具体的にどのような変化があったか」を簡単に書いてもらいました。「4泊プチ湯治」では、期間が短いため具体的な変化をあげることは難しいのではと考えましたが、**「良く眠れるようになった」**等の記述は非常に説得力があると思われます。

眠られないことは免疫力の低下に繋がり、体調不良の初期の段階とも考えられるからです。**良い睡眠は成長ホルモン、メラトニン等のホルモンの分泌にとって大切で、傷ついた細胞の修復等にも欠かせません。睡眠障害に悩む高齢者が多いとのデータがあるだけに、「湯治で良く眠れるようになった」のであれば、温泉が〝予防医学〟にとって大いに有効であるとのわかりやすい指標と言えるでしょう。**

「3か月通い湯治」のようなある程度まとまった期間があると、この間、細胞の新陳代謝等もあり、「風邪を引かなくなった」などと具体的な例を出して、体調変化の症状を書くことも可能になると思われます。

以下に、私の方で恣意的な選択をせずに、アンケートに回答していただいたモニターのすべての感想をそのまま抜き出してみました。

(1)「4泊プチ湯治」モニターの感想

・体が軽くなった。気持ちがリフレッシュ(甦った。もやもやがすっきりした)
・2日目は何度(3度)も風呂に入った為か、疲れが出て、夜寝付きが悪かった。しかし慣れてきて、入浴した後のけだるさも無くなり、身体は軽く感じるようになった。体のしんからほて(温まり)を感じるようになった。

・身体が軽くなった。足の先まで血液が流れるようになった気がする。
・皮膚につやが出てきたと感じている。
・これまでの皮膚のかゆみが少し解消したように感じる。
・普段は毎日2〜3時間しか寝れなかったが、よく寝れるようになり、毎日6時間も寝られた。
・肌がしっとりとしてきた。便通が良くなった。
・湯治開始前は虫に刺されたのか（？）、体の至る所にあったかゆみがなくなりました。肌に良い影響を及ぼしてくれたと思います。
・よく眠れるようになった。
・疲れが取れた。リラックス出来た。心の整理がついた。
・手の肌荒れがひどく治らないで悩んでいたのが、治った。ぐっすりと眠れるようになった。
・便通が良くなった。最初は余り眠られなかったが、その後、よく眠られるようになった。

「よく眠られるようになった」との声が非常に多いことがわかります。このことは健康にとってもっとも大切なことです。不眠症ほど辛いことはなく、そこからさまざまな病が始まります。

（2）「3か月通い湯治」モニターの感想

・発汗が良くなった。

・**寝つきが非常に良くなった。肌がスベスベになったと思う。**

・肩こりがひどくならなくなった。なぜか分からないが「利尿作用」があるのでは？頻繁にトイレに行くようになった。

・**夜、ふとんに入ると、身体がすぐ、温かくなり約7時間は寝ている。殆どトイレに行かない。**

・肌がツルツルになり、2～3日間気持ち良かった。

・**風邪をひかなくなりましたし、温泉水を飲むことによりお通じがよくなりました。生理不順や頭痛、腰痛、肩こり、腹痛が解消され、精神的に穏やかになりました（イライラがなくなりました。）**

・体重が減った。肌がきれいになった。

・肌がスベスベになった気がする。肩が痛かったが、いつの間にか、治った。

・冷えを感じる事が減った気がします。髪質が良くなったよう思います。

・**肌がツルツルです。髪にはあまりいい感じではありませんでした。9月、10月は畑仕事で、腰痛がつきものでしたが、腰も、膝も、肩も、作業中は痛くても、翌日、全く痛む事がありませんでした！　すごいです！**

・疲労回復

・足首に違和感があり、正座ができなかったが、段々と改善している感じがある。

・よく眠れて、朝の体調が良かった。足、左膝がもっとよくなればと思い、今後できれば通いたい。

・肌がスベスベで乾燥しなくなった。

・寝つきが良くなった。肌の表面がスベスベになったような気がする。入浴の後は気持ちがスッキリした。

・血行がよくなった。

・**肌のしっとり感、ハリが良くなった。気分転換ができた。体調が良い状態を継続できた。腰が疲れなくなった。**

・肌がスムーズ。乾燥知らずな感じ。足のむくみがひどかったが気にならなくなった。12時間ほどの車、飛行機での長時間の移動の際にも苦がなく驚いた。

やはり3か月も定期的に通い湯治を続けていると、具体的な体調の改善がわかってくるようです。腰痛、肩のこりなど慢性病化していた症状が自然と解消される。熟睡できて、睡眠の質が高まる。実際、採血による活性酸素の減少、抗酸化能の向上などの科学的な結果が、モニターの実感をしっかりと反映していました。

8. 継続的な榊原での温泉浴は、〝健康寿命〟の延伸につながる

これまで見てきたように、老化、及びがん、糖尿病、高血圧、動脈硬化症など「生活習慣病」の最大の要因と言われる活性酸素の抑制、除去、また本来、野菜などの食材、適度な運動によって得られると言われてきた「活性酸素に打ち克つ」抗酸化能（力）は、榊原での温泉療養によっても得られることを示唆する結果を確認することができました。しかも効率的にです。

またこの両者から割り出した「潜在的抗酸化能」、つまり「湯治で新たに獲得した疾病に打ち克つ力」は特に集中的な入浴、あるいは継続的な入浴により高まることも確認できました。榊原の湯が〝予防医学〟として有効であることを示唆する結果が得られたということです。

これらの効能は「第7章　榊原温泉の潜在的な『温泉力』を科学的に解き明かす」で検証してきた榊原温泉の還元作用、抗酸化作用が大いに反映された結果であろうと思われます。もちろん環境が変わることによって得られる転地作用や継続的な温泉浴による癒やし効果も無視できないでしょう。

ちなみに今回の両群のモニターの人選に当たっては、「ふだん温泉に定期的に入浴していない人びと」を対象にしたことを、改めて付け加えておきます。

第8章は松田忠徳編『榊原温泉郷　温泉調査報告書』（平成29年2月、榊原未来会議・榊原温泉振興協会）をもとに、再編集しました。

参考文献

第1章
*『温泉来由記』山川氏蔵版（勢州榊原湯元、正徳3年頃）
*山川時次郎『榊原温泉来由記 全』（明治27年、温泉会所発行）
*黒板勝美『國史大系 交替式・弘仁式・延喜式前編』（昭和54年、吉川弘文館）
*芸濃町教育委員会『芸濃町史 上巻』（昭和61年、芸濃町教育委員会）
*伊賀市『伊賀市史 第二巻 通史編 近世』（平成28年、伊賀市）

第2章
*鐵城會同人『鐵城翁傳』（昭和19年、鐵城會事務所発行）
*田中善助『履歴書』（昭和12年、私家版）
*芸濃町教育委員会『芸濃町史 上巻』（昭和61年、芸濃町教育委員会）
*榊原乕雄『清和源氏系義国流 榊原の歴史』（平成元年、外山製本工業所）
*榊原康彦『清和源氏系榊原家の歴史 兵家の終焉』（平成30年、彩流社）

第6章

＊山中為綱『勢陽雑記』（明暦2＝1656年）鈴木敏雄・野田精一校訂　三重県郷土資料刊行会、1968年
＊松尾芭蕉『おくのほそ道』（元禄15＝1702年）
＊『温泉来由記』（宝暦年間刊＝1760年頃）
＊山田安在『伊勢国誌』（天明年間刊＝1781〜1789年）倉田正邦校訂　三重県郷土資料刊行会、1972年
＊『出雲国風土記』（江戸時代後期刊）
＊『信濃國小縣郡出浦郷別所七久里温泉并名所略記』（江戸時代後期刊）
＊安岡親毅『勢陽五鈴遺響（3）』（天保4＝1833年）倉田正邦校訂　三重県郷土資料刊行会、1976年
＊津坂東陽『勢陽考古録』（江戸時代後期刊）倉田正邦校訂　三重県郷土資料刊行会、1979年
＊宮内黙蔵『伊勢名勝志』（明治22年）倉田正邦校訂　三重県郷土資料刊行会、1974年
＊『榊原温泉来由記全』（明治27年）
＊水野　祐『古代の出雲』（昭和47年、吉川弘文館）
＊『松阪市史 第8巻 史料篇 地誌 1 勢国見聞集』（1979年、蒼人社）

＊加藤義成『修訂出雲国風土記参究』（昭和56年、今井書店）
＊椋本千江『伊勢榊原温泉之あれこれ』（三重県郷土資料刊行会、1981年）
＊折口信夫『折口信夫全集 新版（全37巻別巻3）』（中央公論新社、1995～2002年）
＊松田忠徳「日本温泉物語　第26回　1300年前の『出雲国風土記』に印された温泉DNA」（月刊「旅行読売」2005年2月号）
＊松田忠徳「日本温泉物語　第61回　日本人と温泉（上）」（月刊「旅行読売」2008年2月号）
＊松田忠徳「日本温泉物語　第62回　日本人と温泉（中）」（月刊「旅行読売」2008年3月号）
＊松田忠徳「日本温泉物語　第63回　日本人と温泉（下）」（月刊「旅行読売」2008年4月号）
＊松田忠徳「日本温泉物語　第79回　神道と温泉（上）」（月刊「旅行読売」2009年8月号）
＊松田忠徳「日本温泉物語　第80回　神道と温泉（下）」（月刊「旅行読売」2009年9月号）
＊島根県古代文化センター編『解説　出雲国風土記』（平成26年、今井出版）
＊『伊賀市史　第2巻』（平成28年、伊賀市）
＊松田忠徳『温泉手帳　増補改訂版』（2017年、東京書籍）
＊松田忠徳『全国温泉大全』（2022年、東京書籍）
＊下呂温泉観光協会HP

第7章

*大河内正一『生きている温泉とは何か』（２００３年、くまざさ出版社）
*松田忠徳『榊原温泉郷　温泉調査報告書』（平成29年2月、榊原未来会議・榊原温泉振興協会）

第8章

*松田忠徳『温泉教授の湯治力～日本人を育んできた驚異の健康法』（２００５年、祥伝社新書）
*松田忠徳『温泉に入ると病気にならない』（２０１０年、ＰＨＰ新書）
*松田忠徳『温泉教授の健康ゼミナール』（２０１３年、双葉新書）
*松田忠徳『温泉はなぜ体にいいのか』（２０１６年、平凡社）
*松田忠徳編『榊原温泉郷　温泉調査報告書』（平成29年、榊原未来会議・榊原温泉振興協会）
*松田忠徳『俵山温泉読本～驚異的な〝抗酸化力〟を引き出す最高の温泉術』（２０１８年、書肆長門）

あとがき

日本経済新聞での連載「日本百名湯」をはじめ、ここ四半世紀の間に三重県の榊原温泉について、多数の単行本、新聞、雑誌などに精力的に書いてきました。理由は単純です。〝歴史的名湯〟にもかかわらず知名度が著しく低かったからです。まっとうに評価されていないと感じたからでした。最近では「榊原温泉はまだ入浴したことはないけれど、名前は知っている。一度は訪れてみたい」という人がずいぶん増えてきたようで、密かに溜飲を下げている、というのが正直なところです。

日本人がかくも温泉好きなのは、じつは日本固有の神道の禊(みそ)ぎに拠るところが大なのです。榊原温泉は（伊勢）神宮の禊ぎの場、〝湯垢離(ゆごり)〟の場でありました。紀伊半島は、日本人の精神的な原郷というのがかねてからの持論ですが、日本人にとっての精神的な拠り所がいまだに多数遺されているエリアです。

榊原温泉がある三重に隣接する和歌山県の湯の峰温泉や湯川温泉での、熊野三山詣での際の温泉による禊ぎ、すなわち湯垢離も、温泉文化論の立場から機会あるごとに神道と温泉の深い関係を再評価し、紹介してきました。もちろん、神宮により近くサカキの群生地でもあった榊原温泉は湯垢離のいわば〝本丸〟でした。

本書のタイトルは『枕草子の日本三名泉　榊原温泉』です。1020年以上前に清少納言は『枕草子』で、現代でもなお有名な有馬温泉や玉造温泉を差し置いて、いの一番に「温泉と言えば榊原温泉（ななくりの湯）でしょう」と挙げたのは、もちろん神宮参詣に際しての禊ぎ、湯垢離との関係においてでした。したがって、この歴史認識なくしては現在の榊原温泉の正しい評価はなされないと考えます。このことは地元榊原で生まれ育った本書の共著者、郷土史家の増田晋作さんも同じ認識であることは、増田さんが書かれたパートからもわかります。

私が過去四半世紀にわたって「ななくりの湯」こと榊原温泉にこだわってきたのは、早くに清少納言が評価した歴史的名湯の再評価と、じつは現代においても榊原の湯質はわが国でトップ級のものであることを世に知らしめたいと考えたからに他なりません。

わが国の温泉の長い歴史において、〝名湯〟とは「効く温泉」を意味することばでした。温泉の本質を考える場合、〝温泉・大国〟に住む私たちはこのことを決して忘れてはならないでしょう。でなければ、日本は近い将来、〝温泉・大国〟の座を譲らなければならなくなりかねないと危惧しています。

榊原温泉の〝抗酸化力〟の凄さは本書の第7章と第8章にかなり詳細に書いたのですが、〝温泉・大国〟日本にあって、これほど酸化されにくい、すなわちアンチエイジングの湯は希有なのです。

本書で提言したように、各宿が30度前後の「源泉風呂」を設えた暁には、まさに1020年以上昔に研ぎ澄まされた感性とセンスの才女、清少納言が浸かったであろうハイレベルの湯質を榊原温泉郷の全施設で堪能できるようになるだろうと確信しています。増田晋作さんは榊原の歴史は2000年と喝破されていますが、榊原は新たな次元の温泉郷に生まれ変われるポテンシャル（潜在能力）を秘めています。つまり私があえて本書の共著者となったのは、歴史的名湯の榊原温泉を再度世に知らしめたいと願っただけではなく、とりわけ三重県、榊原温泉を抱える県庁所在地津市の市民の皆さんに、「本書」に書いたようなことを知っていただきたかったからです。

幸い榊原温泉は名古屋だけではなく、関西の大阪や神戸、京都方面からのアクセスにもかなり恵まれています。ぜひ枕草子の「日本三名泉」を津市の市民の意思で復活していただきたいと思います。

本書の共著者、私の友人でもある増田晋作さんにこれまで榊原に関する資料をずいぶん提供していただきました。このように共著という形で増田さんが愛する榊原温泉についての書籍を刊行するに至ったのは必然だったのかもしれないと、「あとがき」を書きながらこれまでのことを振り返っています。

86歳になられる増田さんは郷土史家、エッセイストであるだけではなく、地元では写真家として知らない人はいないほどの写真好きであることは私もよく知っていました。ところが本書の制作の過程で、イラストやデザインまでこなす器用な方であることを知り、驚きました。増田さんは好奇心旺盛な少年のようなシニアだったのです。これまでもその素敵な笑顔にはいつも元気をいただいておりましたが、80歳を過ぎても、いや過ぎてからますます前向きに人生を謳歌される姿に、〝元気〟に加え〝勇気〟をもいただいた気がします。本書の表紙カバーも帯も増田さんの制作なのです。本書のタイトル『枕草子の日本三名泉榊原温泉』は私の提案でしたが、本書で初めて〝元祖「日本三名泉」〟という造語を使用したことをつけ加えておきます。

最後になりましたが、本書をよりよくするためにご尽力いただいた中西出版の河西博嗣さんはじめ、スタッフの皆さんに深く感謝申し上げます。

令和6年2月5日　南紀白浜の「海辺の書斎」にて

松田忠徳

Profile

松田忠徳（まつだ・ただのり）

温泉学者、医学博士、文学博士、旅行作家。

1949年、北海道の洞爺湖温泉で産湯に浸かり、中学入学まで温泉街の混浴の共同湯で育った。

国内外で大学教授を歴任し、現在はモンゴル国立医科大学教授、グローバル温泉医学研究所所長。日本で初めて温泉を学問として捉え、“温泉教授”の異名で知られる「温泉学」という分野を切り拓いた温泉研究の第一人者。温泉文化論、温泉観光学、温泉医学と、その活動は多岐にわたる。

著訳書は約150冊に及び、主な著書に『江戸の温泉学』（新潮社）、『温泉教授・松田忠徳の古湯を歩く』（日本経済新聞社）、『温泉はなぜ体にいいのか』（平凡社）、『温泉教授の湯治力』（祥伝社新書）、『全国温泉大全』（東京書籍）など。DVD『温泉教授・松田忠徳の日本百名湯』全10巻（日本経済新聞社）もある。

榊原温泉には25年以上、足げく通い、その歴史、文化、温泉分析、入浴モニターによる実証実験など、さまざまな調査、研究を行ってきた。

増田晋作（ますだ・しんさく）

郷土史家、エッセイスト。

1938年２月の寒い日に、母親のお腹から冷凍（？）のまま生まれ、地元三重県の榊原温泉の産湯で解凍され、86年が経過。

幼少の頃からのラジオ少年で、それが高じて東海ラジオ放送技術部を振り出しに社会進出。その後、長男が故に故郷に戻され、榊原温泉郵便局長、榊原公民館長を歴任。退職後は公民館講座「榊原ものしり講座」の講師、榊原小学校地域コーディネイター、学校運営協議会委員などを年甲斐もなく続けている。また2009年に「榊原温泉ふるさと案内人の会」を組織し、楽しく活動している。もちろん健康のために、榊原の朝湯と飲泉を日課としている。

地元の「三重タイムズ」紙に、コラム「里の詩（うた）」を毎週連載中（https://www.zc.ztv.ne.jp/shin/00/uta/index.html）。また「榊原温泉ホームページ」で、2022年３月まで13年半続いた人気のブログ「吾作（ペンネーム）の榊原温泉だより」を読むことができる。

本書は人生初の単行本で、本の装丁から帯作りまで、こちらも存分に堪能した。

枕草子の日本三名泉　榊原温泉

2024年３月１日　初版第１刷発行

著　者――松田　忠徳・増田　晋作
発行者――林下　英二
発行所――中西出版株式会社
〒007-0823 札幌市東区東雁来3条1丁目1-34
TEL 011-785-0737　FAX 011-781-7516
印刷所――中西印刷株式会社
製本所――石田製本株式会社